幼儿园课程研究与实践方案丛书

北京市教育科学"十三五"规划一般课题
"探索幼儿园博物教育的实践研究"
（课题编号：CDDB16148）成果

博物·博雅·博爱
——幼儿园博物教育课程的理论与实践

主　编：曹慧弟

北京师范大学出版集团
BEIJING NORMAL UNIVERSITY PUBLISHING GROUP
北京师范大学出版社

图书在版编目（CIP）数据

博物·博雅·博爱：幼儿园博物教育课程的理论与实践/曹慧弟主编. —北京：北京师范大学出版社，2019.7（2024.6重印）
ISBN 978-7-303-24740-0

Ⅰ. ①博… Ⅱ. ①曹… Ⅲ. ①幼儿园－课程－教学研究 Ⅳ. ①G612

中国版本图书馆CIP数据核字（2019）第095449号

图书意见反馈　　gaozhifk@bnupg.com　010-58805079
营销中心电话　　010-58802181　58805532

出版发行：北京师范大学出版社　www.bnupg.com
　　　　　北京市西城区新街口外大街12-3号
　　　　　邮政编码：100088
印　　刷：北京虎彩文化传播有限公司
经　　销：全国新华书店
开　　本：787 mm×1092 mm　1/16
印　　张：11.75
字　　数：235千字
版　　次：2019年7月第1版
印　　次：2024年6月第4次印刷
定　　价：36.00元

策划编辑：罗佩珍　刘晟蓝　　责任编辑：康　悦　梁民华
美术编辑：焦　丽　　　　　　装帧设计：邓　聪
责任校对：韩兆涛　　　　　　责任印制：陈　涛　赵　龙

版权所有　侵权必究

反盗版、侵权举报电话：010-58800697
北京读者服务部电话：010-58808104
外埠邮购电话：010-58808083
本书如有印装质量问题，请与印制管理部联系调换。
印制管理部电话：010-58800608
编辑部电话：010-58808898

编委会

顾　　问：苏　婧　高　源　黄　培
主　　编：曹慧弟
副 主 编：张　琳　秦　雪　贾倩倩
编　　委：蔡梦瑆　常燕玲　陈　妍　郭春妍　李　洁　唐社芳
　　　　　徐凯萍　闫慧芳　尹　洁　张朋艳

序

近年来，随着学术界对幼儿园课程的日益重视，幼儿园课程的理论与实践研究在不断深入。尤其是自《幼儿园教育指导纲要（试行）》（以下简称《纲要》）和《3~6岁儿童学习与发展指南》（以下简称《指南》）颁布以来，以幼儿园为基地进行园本课程开发与研究成为幼儿园课程改革的重要途径。

北京市朝阳区福怡苑幼儿园作为北京市教科研先进单位，自"十二五"规划起，积极承担市级、区级的课题研究任务，努力落实《纲要》《指南》精神，结合园所文化、历史积淀、办园理念及办园特色，努力开展园本课程的实践研究，取得了丰硕的成果。福怡苑幼儿园秉持着对学前教育事业的热爱，肩负着为幼儿一生的发展打好基础的责任，在课程研究和实践的过程中不断学习，反复实践，凭借顽强的精神和巨大的勇气，从幼儿的兴趣和实际生活出发，创造性地建构出了一套幼儿园博物教育课程。这一过程是漫长又艰辛的：从最初的萌发，到前期的探索，再到申报课题研究，历经几载春秋，一步步扎扎实实地走到现在。研究并实践课题的过程是不断提升办园理念、逐步形成办园特色的过程，同时也是不断积淀园所文化的过程，更是多方参与共同提高学前教育质量的过程。

姚安博士提道："一座理想的博物馆不仅是奇珍异宝的集中地和收藏所，不仅是脱胎于纯粹学术机构的书斋，更应当是有文化记忆、创造的发生器和多元文化群体的精神家园。"这一论述与福怡苑幼儿园的探索相吻合。福怡苑幼儿园致力于通过博物教育，开阔幼儿视野，提升幼儿文化素养，启蒙幼儿博物意识，引导幼儿以博大包容的胸怀与自然和谐相处。

从福怡苑幼儿园参加北京市教育科学"十三五"规划课题开题，到中期研究汇报，到最终形成幼儿园博物教育课程，这期间我参与其中，见证了福怡苑幼儿园保教管理团队和一线教师扎实研究、努力实践的过程，在深受震撼的同时也有颇多感慨。福怡苑幼儿园的教师们对博物教育有着深刻的理解。多年来，福怡苑幼儿园在实践中不断探索如何让博物教育在幼儿园落地生根，如何在幼儿心中播种下博物的种子，如何让博物的种子生根发芽并长成参天大树，从而使教育真正服务于幼儿的发展。这种思考是有深度、有广度的，是专业的学前教育工作者在用心做事情，也是福怡苑幼儿园一直在求索并且还会继续求索下去的永恒课题。

《博物·博雅·博爱——幼儿园博物教育课程的理论与实践》从幼儿园博物教育概述谈起，包括幼儿园博物教育的概念、国内外幼儿园博物教育开展现状、幼儿园博物教育的价值、幼儿园博物教育的理论基础和政策依据；后续依次探讨了如下内容：幼儿园博物教育课程目标，幼儿园博物教育课程内容，幼儿园博物教育课程实践，幼儿园博物教育课程评价。本书在编写过程遵循严谨、规范、科学的原则，为幼儿园博物教育的研究提供了具体的、可借鉴的思路与方法。本书在讲述博物教育是什么时，配以大量教育实践内容和真实的教学场景，使广大读者明白"是什么""为什么"以及"怎么做"。本书内容对幼儿园一线教师开展幼儿园博物教育课程及教学实践具有很强的指导意义。

"他山之石，可以攻玉"，我们期待《博物·博雅·博爱——幼儿园博物教育课程的理论与实践》能够有效地帮助学前教育工作者开阔视野，更深入地了解幼儿园博物教育的理论与实践发展。相信在今后的发展中，幼儿园博物教育课程能够创造出更多的新特色、新方法，真正助力学前教育工作者的专业发展，真正助力幼儿的发展。

北京教育科学研究院早期教育研究所所长　苏婧
2019年

前 言

十年育树，百年育人。

作为人生奠基、教育之始的学前教育工作者，我们更要追问：人之初，我们"育"的核心是什么？落点在哪里？古有云："师者，所以传道受业解惑也。"从世界发展与社会变迁来看，这样的解释已不足以体现当下教育尤其是幼儿教育的价值与意义了。作为关系国家发展命运和未来人才储备的基础，幼儿教育的使命不仅要着眼于当下，而且要着眼于未来。

教育部颁布的《3~6岁儿童学习与发展指南》（以下简称《指南》）着重提出"为幼儿后继学习与终身发展奠定良好素质基础"。幼儿的素质基础体现在德、智、体、美等方面。在对理论与实践进行反思的过程中，我们越发意识到启蒙幼儿人文素养的重要性。人文素养可以说是一个人的发展之基。反观，没有人文素养支撑的个体发展，就如同一辆没有方向盘的赛车，多么优越的性能都无法得到发挥。

我国历史源远流长，中华文化始终是世界文化宝藏中熠熠生辉的瑰宝。作为中华儿女，我们深深地为之自豪。身为学前教育工作者的我们更应成为中华文化的传承者、宣教者、践行者、捍卫者。在启蒙阶段，我们引导幼儿走入世界文化之门，一方面逐渐理解、热爱、传承我国优秀民族文化与传统文化，使中华文化生生不息；另一方面开阔视野，形成正确的世界观、人生观。这是我们的使命，是学前教育工作者应有的担当。在这样的认识下，福怡苑幼儿园在贯彻为幼儿一生发展奠定良好基础这一办园宗旨的道路上不断追寻启蒙幼儿人文素养的路径，探索如何更好地落实《指南》的精神，为幼儿终身发展奠定素质基础。

2012年，曹慧弟园长在国外参观博物馆时看到的一幕给她留下了深刻印象：当地的参观者在馆内认真、安静地参观，聆听讲解；幼儿在教师的引导下有序参观，认真观察。不论是成人还是幼儿，他们的行动言语都很自然地遵守馆内文明要求。可见在这种教育背景下从小走入博物馆学习是一种常态，人文素养的培养在博物馆教育中也得到了落实。曹慧弟园长产生了连接博物教育与幼儿教育的设想——博物馆是人类文化的宝库，蕴含了人类的各种文化。我国作为文明古国，具有深厚的文化底蕴，而且我国的博物馆资源较为丰富。博物教育是有效落实《指南》中夯实幼儿素质基础、培养幼儿人文素养、开展文化启蒙教育的一种有效方式。幼儿园博物教育的出现正是基于我们对学前教育本质的不断追问以及对《指南》精神落实到实践的持续反思。自2012年至今，福怡苑幼儿园开展了多次实践性研究，以课题为抓手，积累了丰富的探索经验。在理论与实践的研究中，福怡苑幼儿园不断对接、调整经验，建构更具普遍性的课程。回顾实践之路，我们的研究经历了四个阶段。

在第一阶段，我们以博物教育为切入点，尝试将博物馆资源融入幼儿园课程，面向幼儿、家长、教师实施访谈调查。多方的反馈使我们意识到博物教育对学前教育具有特有的补充价值：实物展陈的直观学习方式、丰富珍贵的展品资源、馆设和展陈的艺术熏陶等对幼儿园教育有极大的补充。我们从博物教育的相关文献中寻找更符合幼儿园的教育理论依据，从而明确了博物教育在幼儿园教育中的特有价值，并坚定了进一步从幼儿发展的角度出发，探索以幼儿园为主导的博物教育。

在第二阶段，我们一方面丰富关于博物教育与幼儿园教育对接的文献理论，另一方面以建构主题式幼儿博物馆为切入点开始实践尝试。在实践中，我们通过观察幼儿的行为变化、访谈教师和家长等共建者，明晰了以幼儿园为主导的博物教育对幼儿发展的价值，通过梳理形成了更具教育价值的建馆模式，从实践的角度丰富了幼儿园博物教育的内涵。

在第三阶段，我们立足已有的实践探索，进行了更为多样化的幼儿园博物教育实践尝试，如各班常态进行的博物主题活动与全园开展的世界博物馆日活动。为更好地指导形式多样的博物实践，我们邀请博物馆专家、学前领域专家从专业角度指导我们与实践对接，从而更有效地为幼儿全面发展、提升人文素养提供教育支持。

在第四阶段，我们基于实践经验和理论依据，逐步建构园本特色课程——幼儿园博物教育课程。这一课程反映了福怡苑幼儿园"水墨润养心灵、博物启迪智慧"这一园所文化理念和坚定文化育人之路的信念。幼儿园博物教育课程从目标体系到评价体系充分融合了一线教师的实践经验以及学前教育、博物馆等领域的理论依据，始终立足于幼儿园阶段的教育目标与幼儿发展特点。

在多年的幼儿园博物教育实践中，我们通过观察与记录了解到，越来越多的幼儿乐于广泛地去观察和探索自然世界，积极主动地收藏和分享他们生活中的博物话题——博物意识、博雅情趣与博爱情怀。我们通过访谈与调查发现，越来越多的家长意识到博物馆是亲子教育的重要场所。他们能够在园所的指导下有计划、有意识地与孩子们在博物馆中感受历史文化的博大，体会中华文明的魅力，积淀家庭教育中的文化。在多年的社会宣教中，我们可喜地发现，社会公众对于博物馆参观价值的意识逐渐转变，对于启蒙幼儿文化素养的重要性更加关注；博物馆在发挥社会教育职能的过程中也更加聚焦幼儿这一重要群体。这些发展都在激励着我们进一步去探索幼儿园博物教育，挖掘它的教育价值。

本书作为实践研究四个阶段的小小里程碑,今日得以呈现。本书分为五章:主体以课程建构四要素展开,幼儿园博物教育概述单做一章。本书蕴含着福怡苑幼儿园的工作者对学前教育深切的教育情怀,更承载着福怡苑幼儿园的工作者树立文化自信的历史使命与责任担当。因此我们也恳切地希望读者在关注课程的同时,思考和探寻提高幼儿素质的更多教育途径。

　　本书在编写过程中得到了学前教育领域、博物馆领域多位专家的指导与支持,其中包括北京教育科学研究院早期教育研究所所长苏婧老师、中国学前教育研究会秘书长廖丽英老师、北京师范大学教育学部教授高潇怡老师、首都师范大学学前教育学院教学副院长李莉老师、北京市朝阳区教研中心学前教研室主任黄培老师、北京自然博物馆科普部高源老师、幼儿教育专家史燕涛老师、儿童艺术领域教育专家肖光老师等。在此,我们衷心地向他们表示感谢!近年来,我们在课程建构的同时积极向姐妹园推广阶段性经验,在课程实践层面得到了多所姐妹园的支持,在此一并表示感谢!

　　幼儿园博物教育作为园本特色课程,需要我们继续实践探索。希望广大读者为我们提出宝贵建议,促进幼儿园博物教育的可持续发展,并使之成为落实《指南》精神、提高幼儿素质的有效途径。

编者
2019年于北京市朝阳区福怡苑幼儿园

目 录

第一章　幼儿园博物教育概述　　1

第一节　幼儿园博物教育的概念　　1
第二节　国内外幼儿园博物教育开展现状　　5
第三节　幼儿园博物教育的价值　　8
第四节　幼儿园博物教育的理论基础和政策依据　　10

第二章　幼儿园博物教育课程目标　　16

第一节　制定幼儿园博物教育课程目标的依据　　16
第二节　幼儿园博物教育课程目标的制定　　19

第三章　幼儿园博物教育课程内容　　25

第一节　幼儿园博物教育课程内容选择的依据　　25
第二节　幼儿园博物教育课程内容选择的原则　　26
第三节　幼儿园博物教育课程内容的框架　　28

第四章　幼儿园博物教育课程实践　　33

第一节　幼儿园博物教育课程的实施要素　　33
第二节　幼儿园博物教育课程实践的组织形式　　44
第三节　博物教学活动设计　　51
第四节　世界博物馆日特色活动　　95
第五节　建构主题式幼儿博物馆　　109

第五章　幼儿园博物教育课程评价　　　　　　　　　　118

第一节　幼儿园博物教育课程评价的目标与内涵　　　118
第二节　幼儿园博物教育课程评价的实践操作　　　　126

附　录　　　　　　　　　　　　　　　　　　　　　136

参考文献　　　　　　　　　　　　　　　　　　　174

后　记　　　　　　　　　　　　　　　　　　　　176

第一章 幼儿园博物教育概述

《国家中长期教育改革和发展规划纲要（2010—2020年）》（以下简称《教育规划纲要》）提出"到2020年，基本实现教育现代化，基本形成学习型社会，进入人力资源强国行列"。为此，我们需要培养具有国际化视野、良好文化素养与创新实践能力的人才。幼儿时期正是关键的启蒙阶段。

为了实现这一教育目标，学前教育工作者开展了深入的探索。福怡苑幼儿园的探索途径之一就是开展幼儿园博物教育。福怡苑幼儿园践行《3~6岁儿童学习与发展指南》（以下简称《指南》）中的幼儿教育目标，力求使幼儿园博物教育自然、生动、有趣、浑然一体。幼儿园教育与博物教育的结合不是简单地进行知识、技能等方面的汇总，而是注重意识、情趣、情怀的培养。在此过程中，福怡苑幼儿园通过丰富的博物资源滋养幼儿，培养幼儿包容、接纳的胸怀，以多样化的展示与分享为幼儿搭建交流的平台，这是国际化视野在幼儿阶段的萌芽；通过立足丰富的文化资源，为幼儿创设感受与欣赏文化的机会，搭建内化文化的平台，这是文化修养在幼儿阶段的萌芽；通过在实践中不断拓展幼儿获取信息的途径，帮助幼儿发展观察、分类、排序、分享等能力，这是创新能力在幼儿阶段的萌芽。在福怡苑幼儿园看来，幼儿园博物教育既是一种视野，也是终身教育的不竭动力。

第一节 幼儿园博物教育的概念

一、幼儿园博物教育的相关概念阐述

幼儿园博物教育是在福怡苑幼儿园（以下简称为我园）开展的主题式幼儿博物馆探究活动中逐步形成的。在"十二五"课题开展过程中，我园形成了主题式幼儿园博物教育的实践经验，并在深入探索的过程中逐渐聚焦幼儿园博物教育。

所收集的文献资料[1]尚没有直接定义幼儿园博物教育。促进博物教育与幼儿园教育之间有效转化与连接，讨论幼儿园博物教育概念是我园研究工作的重要组成部分。基于已有文献，我园首先厘清了博物、博物馆教育、博物教育的相关概念，从而丰富对幼儿园博物教育的认识与理解。

（一）博物

关于博物，《辞海》有这样的解释：①通晓许多事件；②即"博物学"。中国在近代引进西方科学的过程中，也引进了"博物学"这一概念。"博物学"有时简称"博物"，但所指不是一般的博物知识，而是一个学科分类的概念，有广义、狭义之分。

以北京大学刘华杰教授为代表的学者从存在论角度对"博物"进行了新的解读：指以重塑个体与大自然对话方式、改进生存理念与状态、提高生活质量、持久延续人类文明为研究价值的领域。[2]它的出现使博物学成为广泛公民群体进行探究与实践的对象变为可能。

（二）博物馆教育

国际博物馆协会对博物馆的最新定义表明，教育功能被列为博物馆职能的第一位。博物馆教育包含博物馆内各种教育内容和教育形式。博物馆教育的目的在于提高观众对馆内展示对象的了解水平，使观众通过潜移默化地与展示对象产生联结，并能将此观赏经验转移到生活中。博物馆教育以实物的形式及其他辅助形式对观众进行直观教育，具有实物性、直观性、自主性、社会性、寓教于乐的特点。

博物馆作为社会教育机构，必须通过有计划的教育活动有效地普及科学文化知识。博物馆教育活动可分为三类：馆内基本的教育活动、辅导学校的教育活动以及社区服务的教育活动。其中，辅导学校的教育活动对我园博物教育活动的开展影响较大，其主要形式有展示参观活动、到校服务、教具教材的开发制作、教具教材外借服务、函授、学生实习、教师训练、教育人员座谈会。

（三）博物教育

谈到博物教育，首先要谈一下博物学。博物学诞生在古希腊时代，那时科学尚没有细分为物理、化学、生物等具体、严密的学科，正是博物学包罗万象下的观察、比较、分类、展示为科学的诞生提供了土壤。

---

1 文献资料的范围指2001—2018年中国知网、EBSCO、Springlinker等国内外文献资源平台.
2 刘华杰：《博物致知》，第19页，武汉，湖北科学技术出版社，2016.

相关文献没有博物教育的直接定义。结合博物学产生的背景，我园将广义上的博物教育理解为一切影响个人身心发展的博物活动，将狭义上的博物教育理解为以博物馆为教育载体对幼儿、青少年和成人进行的各种教育活动。

（四）幼儿园博物教育

当下国内外尚未明确界定幼儿园博物教育。我园结合实践经验与参考文献，认为幼儿园博物教育具备以下特点。

第一，幼儿园博物教育属于幼儿园教育，其教育对象、教育目标、教育原则符合《幼儿园教育指导纲要（试行）》（以下简称《纲要》）和《指南》的精神和幼儿的学习特点。

第二，幼儿园博物教育旨在为幼儿后继学习和终身发展奠定基础，以博物教育为载体开展幼儿园教育活动，关注幼儿的学习品质、情感态度以及认知能力的培养，引导幼儿形成积极的生活态度，最终促进幼儿全面和谐的发展。

第三，幼儿园博物教育的活动方式符合幼儿学习特点，注重培养幼儿广泛的兴趣、欣赏周围美好事物情趣、充分体验各种事物并能发现问题和解决问题的能力。

基于以上特点，我园将幼儿园博物教育定义为以幼儿园为主导，通过多种途径开展的，以培养幼儿的博物意识、博雅情趣、博爱情怀为目标的一切教育活动。其中博物意识指幼儿具备广泛关注、深入观察、静心欣赏、积极探究的能力；博雅情趣指幼儿有主动收藏、主动记录的兴趣与爱好，珍视身边的事物与自己的成长经历；博爱情怀指幼儿对身边事物、环境、资源等有热爱的情怀，并外化为相应的行为。通过开展博物教育，幼儿在积极与大自然和社会的互动中观察、探索、收藏和分享，提高文化修养，开阔眼界，形成良好的学习品质、端正的情感态度以及较高的认知能力，为后续学习和终身发展奠定坚实的素养基础。

二、幼儿园博物教育与相关概念的关系

我们要深刻理解幼儿园博物教育，首先要厘清三大关系。

（一）幼儿园博物教育与幼儿园教育的关系

幼儿园博物教育是幼儿园教育的一种新型实践方式，隶属于幼儿园教育。幼儿园博物教育又具备自身的特点，更加彰显广博性。例如，在大班"鸟"的博物主题活动中，有的幼儿对鸟的种类感兴趣，有的幼儿对鸟的生活习性感兴趣，有的幼儿对鸟蛋感兴趣。兴趣点相同的幼儿组成一个小组，教师和幼儿一起制定每组活动目标。幼儿通过参观博物馆、和父母一起查阅资料、逛花鸟市场或者周末去野外旅行等途径了解

自己感兴趣的部分，每组将自己的成果通过立体模型、绘画作品、照片、视频等形式向全班幼儿、全园幼儿，甚至社区居民展示与讲解。教师还可邀请博物馆的专家为幼儿开展讲座，从专业角度为幼儿答疑解惑。随着活动的开展，幼儿发现许多种类的鸟濒临灭绝或已经灭绝。教师以此为契机，组织了"保护我们的鸟类朋友"的教育活动，鼓励幼儿在生活中保护鸟类。

这个活动包含科学、社会等多个领域，体现了幼儿园博物教育的整合性。幼儿通过参观博物馆、收集资料、聆听专家讲座等多种形式了解鸟类的生活现状，有利于培养博物意识、博雅情趣、博爱情怀。

（二）幼儿园博物教育与素质教育、科学素养的关系

21世纪是全面素质教育的时代，良好学习品质的培养是素质教育的核心。素质教育包括创造能力、自学能力、社会公德、世界观、人生观等的培养。幼儿园博物教育注重引导幼儿对事物保持强烈的好奇心，引发幼儿的探究欲望，提升幼儿的创造能力和自学能力，鼓励幼儿表达自己对事物的独到见解，使幼儿萌生积极正向的世界观、价值观。

科学素养指运用科学知识，确定问题，做出有证据的结论，理解自然世界和人类活动对自然世界的改变并做出决定的能力。了解科学知识、掌握科学方法、崇尚科学精神是科学素养的衡量标准。幼儿的科学素养指幼儿对自然社会感兴趣，具有一定的科学探究能力。瑞尔森大学理学院院长伊莫金·科（Imogen Coe）博士认为，激发幼儿对科学的热情，鼓励他们发展各项技能，探究周围的世界，这将有助于他们在未来成为具有科学素养的人。这也体现了幼儿园博物教育的内涵。

（三）幼儿园博物教育与幼儿博物馆教育的关系

以博物馆的广博性为原则进行幼儿博物馆藏品的收集与展示，可以帮助幼儿逐渐学会运用历史的眼光理解事物发展变化的原因，形成辩证的、整体的思维方式。

博物教育不单单是在博物馆发生的教育，还是使幼儿在学习观察、对比、分类等科学方法的基础上转变思维方式，从而为将来的发展奠定基础的教育。博物馆作为实施博物教育的重要载体，可以让幼儿感受事物的丰富性、多样性，了解事物发展的脉络，感叹事物的神奇与美妙。幼儿园博物教育以园为馆，处处是风景，处处是博物。

通过对幼儿园博物教育与相关概念的关系的辨析，读者可以更加清晰地了解幼儿园博物教育的内涵，更加准确地在《指南》精神下把握概念的特征。

第二节　国内外幼儿园博物教育开展现状

一、国外幼儿园博物教育开展现状

国外幼儿园博物教育的任务最初多由儿童博物馆而非幼儿园来承担。随着博物馆教育的发展，幼儿园走进博物馆的现象开始出现。我园通过梳理国内外儿童博物馆教育发展，分析国外幼儿园博物教育现状。

1899年，世界上第一家儿童博物馆——布鲁克林儿童博物馆在纽约成立。在一个多世纪的发展过程中，儿童博物馆经历了四种教育角色的演变。创立之初至20世纪30年代，儿童博物馆主要扮演着学校教育的藏品中心的角色，为学校教育提供藏品服务。收藏与展览是儿童博物馆的主要职能，教育只是辅助物品展览并附带的解释说明。[1]到了20世纪60年代，儿童博物馆演化成独立的非正式教育机构，开始关注儿童，注重挖掘博物馆本身的优势，以物育与自由教育为特色，提倡交互式、体验探索式学习方式，为儿童创造了一个独特的第二课堂。20世纪60年代至20世纪末，美国儿童博物馆成功转型为社区教育服务中心，不仅为儿童服务，而且将社区成员当作其潜在的观众，并充分挖掘社区资源，凸显当地自然景观与人文景观中的教育价值。[2]进入21世纪，美国儿童博物馆开始为扮演公众教育服务中心的角色而努力，意识到多元文化时代下的教育不仅指传授学科知识，而且包括开拓探索、调查研究、深层次思考和对话研讨。

因教育功能日益加强，从20世纪60年代开始，儿童博物馆开始为儿童提供专门的课程。根据儿童的参与度，这些课程可分为两类。一类是以实地观察为主的参观导览课程。这类课程能够让儿童获得观察经验，但这种有"距离感"的课程难以让儿童对博物馆产生持久的兴趣。另一类是以操作体验为主的文化体验课程。文化体验课程大致有角色扮演、节假日项目、动手操作、特展项目、博物馆教师根据预设主题对学生进行授课五种类型。此类课程基于以儿童为中心的理念，采用"做中学"的方式，鼓励儿童与馆藏资源互动，引导儿童参与和思考。可见，文化体验课程的效果远远优于参观导览课程的效果。例如，韩国国立民俗博物馆儿童博物馆文化课程"主要做法是配合学校教材，了解学校课程需求，组成专门的研究团队，结合主馆的藏品、展览和儿童博物馆的互动展开发出与展览相关的生动有趣的博物馆课程；同时组织实地民俗体验项目，让儿童通过实地观察和亲身体验加深对课本知识特别是对本国传统文化的

---

1 Hooper-Greenhill, Eilean, *The Educational role of the museum*, London:Routledge, 1994.
2 Hein G E, "Progressive Education and Museum Education: Anna Billings Gallup and Louise Connolly," *Journal of Museum Education*, 2006, 31（3）, pp.161-173.

认知，实现学校课程与博物馆教育相联结"[1]。

进入21世纪，儿童博物馆幼儿园开始出现，其中最具有代表性的是印第安纳波利斯儿童博物馆（The Children's Museum of Indianapolis, TCMI）幼儿园。印第安纳波利斯儿童博物馆幼儿园秉承蒙台梭利和瑞吉欧教学方法，遵循印第安纳州幼儿教学课程标准，并以史密森尼早教中心的"博物馆魔法课程"为蓝本，结合馆藏陈列与馆藏特色进行改编，以实物为基础开展教学。其展厅学习内容每周不重样。在博物馆10点钟向观众开放前，儿童可以在展厅里触摸展品，体验各种动手动脑活动，观察展品的形状、色彩和功用，甚至在展厅里玩过家家游戏。印第安纳波利斯儿童博物馆拥有12万多件藏品和12个主要场馆。其多样性的情境是传统幼儿园无法企及的，也是其能为在园儿童提供的最为直接的发展资源。博物馆幼儿园的儿童在这样的"物育"环境中，浸润于专业教师为其精心设计和营造的、鼓励自主探究的精神氛围里，自然而然地受到自然、科学、历史与人文等方面的熏陶，发展了语言能力、思维能力和社会能力。

此外，幼儿园和博物馆不是两个互不相连的机构，很多独立的幼儿园也会借助儿童博物馆开展活动。例如，帕森斯幼儿园就带领儿童在伊利诺伊州儿童博物馆开展万圣节南瓜活动。[2]为了培养儿童的科学素养，日本幼儿园借助国家自然与科学博物馆开展教育活动。[3]可见儿童博物馆已经成为幼儿园开展常规教育活动可借助的主要资源之一。

二、国内幼儿园博物教育开展现状

据已有文献资料显示，泉州市机关幼儿园于2009年创建的宝宝博物馆是我国幼儿园博物教育开展的起点。我国在幼儿园博物教育领域的探索已经有近10年时间了。根据已收集到的资料，研究者将这些年的探索历程分为两个阶段：创建探索期（2009—2016年）和课程开发期（2016至今）。

（一）创建探索期（2009—2016年）

创建探索期的研究重心是为幼儿园博物馆的创建提供依据，分析幼儿园博物馆的

---

[1] 田莉莉：《儿童博物馆教育实践模式考察——以韩国国立民俗博物馆儿童博物馆为例》，载《中国民俗论丛》，2016（4）.
[2] Rodgers·Rachel, *Children's Museum pumpkin activities embrace individuality*, Herald&Review, 2014.
[3] Tanabe R, Wakabayashi F, Iwasaki S, et al, "Work on educational activities in science museums in order to foster science literacy: Through activities of a kindergarten program in National Museum of Nature and Science," Japan Society for science Education, 2009（33）.

实际创建情况。我国江苏省南京市、常熟市、苏州市、无锡市，福建省泉州市及广东省深圳市等地区的幼儿园对幼儿园博物馆的建设以及基于幼儿园博物馆开展的教育均有所探索，旨在帮助儿童在与丰富物品互动的过程中培养深入观察、积极探究的意识和能力，并获得有益的知识。具体开展情况如下。

南京市第一幼儿园在幼儿园博物教育方面有较深层次的研究。该园从班级和幼儿园两条路径入手，分别对班级博物馆和幼儿园博物馆展开研究。在研究班级博物馆时，南京市第一幼儿园把综合经验、博物馆的可操作性和博物馆经验的纵深性有机结合起来，让班级博物馆具有生活性、趣味性、综合性、广博性的特点。此外，南京市第一幼儿园还总结出了班级博物馆的研究途径，即"计划阶段：能做什么——头脑风暴，思维导图呈现""审议阶段：做什么——三级审议，确定活动脉络""实施阶段：怎么做——系列活动，凸显博物馆要素"[1]。其中，实施阶段是进行班级博物馆活动的主体阶段，一般分为收集资料、陈列展示、开展活动和分享评价四步。

无锡市港下中心幼儿园在虞永平教授的指导下建立了幼儿博物馆，并在创建过程中以"博览、博乐、博美"为教育目标开展实践探索。[2]该园进行的博物教育偏重以主题活动的形式进行，围绕一个实物进行班级博物馆的创建，在收集、分类、布展的过程中开展系列教育活动。

南京军区政治部小天鹅幼儿园在2014年创设了面积达1460平方米的独立幼儿园博物馆。其中总馆划分为科技、美术、图书、生活实践、德育五个分馆，以教育性、体验性、互动性、探索性、娱乐性为主要特征。[3]该园开展的幼儿园博物教育围绕实体馆进行，通过创设分领域的主题环境，引导幼儿与环境互动，在实践操作中使幼儿开阔眼界、探索发现、提升能力。但在环境创设方面，除对生活实践馆的环境有明确的新要求外，其他几馆的环境基本固化。

（二）课程开发期（2016年至今）

课程开发期的关注点从实体建设转移到利用幼儿园博物馆进行园本课程开发，即从前期的经验总结上升为应用理论的探索。目前，创建了幼儿园博物馆并已开发配套园本课程的园所主要集中在江苏和福建两省，广东省深圳市亦有个别园所进行了有益尝试。具体情况如下。

深圳市第二幼儿园在霍力岩教授的指导下形成了具有特色的儿童主题博物馆课

---

1 倪琳：《浅谈幼儿园班级博物馆的建构》，载《早期教育（教育科学版）》，2018（1）.
2 陆艳：《我园的"幼儿园博物馆"》，载《早期教育（教师版）》，2012（11）.
3 小天鹅幼儿园课题组：《"求真、寻美、崇善"的乐园》，载《早期教育（教师版）》，2014（11）.

程。该园以项目教学法的模式进行的幼儿园博物教育相对更加成熟和完整，包括计划与决策、探究与表征、寻访与体验、回顾与反思、评量与收藏五个环节。幼儿与教师一同创建班级主题博物馆，通过一日生活中的各环节开展教育活动，在本班主题博物馆接近探究尾声时开展各班博物馆间的寻访活动。该园主题博物馆课程建构中特别值得关注的一点是其博物教育的各环节与《指南》中健康领域、语言领域、社会领域、科学领域、艺术领域（以下简称五大领域）目标进行了对接，表现在将五大领域目标体系拆解，形成该园教育五大实施环节，并对应不同环节中幼儿博物教育领域的目标。

泉州市机关幼儿园将其宝宝博物馆充分转化为园本课程资源，以博物意识为理论依据，阐述了幼儿园课程资源建设的新思路，在明晰宝宝博物馆建设的特点、意义和思路的基础上分别呈现了小班、中班、大班宝宝博物馆建设的实录。实录依照主题由来、主题目标的确定、主题实施途径的设想、主题实施网络图、主题活动实施过程、主题小结的顺序完整地呈现了相关主题课程从生成到实施再到反思的过程。

通过对国内外幼儿园博物教育现状的文献梳理，我们可以发现：相较于国外，我国幼儿园博物教育起步较晚。幼儿园博物教育作为学前教育和博物教育整合的一个新型教育领域，对幼儿的终身发展具有较大影响。因此，后续研究应更为关注幼儿园博物教育的价值，重视幼儿园博物教育，为幼儿园博物教育一线活动寻求政策帮助和专业支持。幼儿园自身在开展博物教育时，应该在借鉴教育经验的基础上，根据自身实际情况增加一些更丰富、更具园本化的内容，将博物教育融于一日生活之中。此外，幼儿园博物教育活动过程应该凸显其博物性，即要注重培养幼儿爱"博"的情怀，提高幼儿识"物"的意识。

第三节　幼儿园博物教育的价值

一、幼儿园博物教育促进幼儿全面发展

开展幼儿园博物教育是培养幼儿文化素养的一种新途径。幼儿通过感知世界、探索世界，开阔了眼界，增长了见闻，为培养核心价值观奠定了基础。在这个过程中，幼儿从最初面对博物馆时的好奇，到对生活中万物的名称、习性、来龙去脉的追问，再到爱上收藏、记录、展示、分享……博物逐渐变成幼儿的一种追求。

幼儿园博物教育不是知识的积累、技能的训练，而是一种文化素养的培养。文化是人存在的根与魂，是一个人终身发展的不竭之源。幼儿在博物馆中可以无尽地探索

和学习，习得社会文明规范，感知世界的多样性。通过博物教育的开展，幼儿在观察自然、探索世界、归纳分类、收藏分享的过程中获得文化知识，同时培养学习品质、情感态度以及认知能力，为终身学习和发展奠定基础。为幼儿埋下一颗文明的种子，有利于幼儿形成民族文化的认同，理解世界文明。

二、幼儿园博物教育提升教师专业素养

幼儿园博物教育对教师是一个挑战，不仅因为幼儿园博物教育本身是一个新型的教育领域，而且因为幼儿园博物教育本身的特征决定了教师要有专业素养与博物素养。我们充分运用专家资源与地理资源相结合、可持续性自学方式与阶段性分享学习方式相结合的策略，使教师在专业水平、博物素养和学习能力上均有所提升。如今，很多教师已经能有意识地把博物理念运用到日常教育实践中，除本学科外，也能跨学科地主动学习博物馆相关知识，不断提升自己的文化修养。教师的专业化成长更为迅速。

三、幼儿园博物教育拓宽家庭教育视野

在幼儿园博物教育实践中，我们一直与幼儿同行，与家长携手，一起在快乐的博物探索旅途中体会发现与学习的快乐。经过形式多样的幼儿园博物教育活动，家长的教育意识和教育行为都发生了变化，逐渐从无意变成有意。越来越多的家长开始认识到在幼儿阶段开展博物教育会对幼儿产生潜移默化的影响。通过各种活动，家长也了解了参观博物馆的基本常识和注意事项，以及文明参观、共同成长的重要性。在教育行为方面，家长更愿意带幼儿去博物馆参观学习，满足幼儿的好奇心，通过多种方式引导幼儿接触和了解更多的事物。在家庭生活中，家长也会注重对幼儿博物意识的培养，给幼儿尝试独自设计的空间，引导幼儿将自己的物品分类摆放，培养幼儿对事物的观察、描述、分类能力。家庭是幼儿成长的主要场所；家园共育是幼儿发展的有效形式；博物馆是人类文明传承的殿堂，珍藏着过去，引领着未来。幼儿园博物教育的探索把幼儿与家庭引向社会教育这一大家庭，具有重要的现实意义。

四、幼儿园博物教育提升园所办园质量

从最初的传承优秀传统文化到弘扬博物精神，我园在这一探索过程中逐渐形成了

"水墨润养心灵,博物启迪智慧"的园所文化理念,以优秀文化和博物教育浸润幼儿。在长期的实践中,我们营造了和谐、自然、开放、包容的文化氛围,弘扬了中华传统文化和世界优秀文化,提升了教师和幼儿的人文素养,不断丰富园所文化内涵。文化滋养心灵,文化涵育德行,文化引领风尚,我们在文化育人的路上不断前行。我们坚定文化自信,树立博物意识,使科学与人文精神在每名幼儿的心灵生根发芽,使园所蓬勃发展。

第四节 幼儿园博物教育的理论基础和政策依据

一、幼儿园博物教育的理论基础

(一)杜威"学校即社会"和陶行知"社会即学校"

1. 杜威"学校即社会"

杜威(Dewey)提出"学校即社会"的目的是克服传统教育只重视知识和技能的传授,忽视学生的社会实践,从而不能适应社会的弊端。杜威认为,"学校主要是一种社会组织。教育是一种社会过程,因此,学校是社会生活的一种形式"[1]。"学校即社会"的核心思想就是让学校成为一个社会的缩影并与社会保持密切的联系,使学生在学校就能够体会社会的需要和价值趋向,并在与社会的相互交融中获取知识及生活技能。[2]可见,"学校即社会"的本质就是让学生获得尽可能多的直接社会经验。

按照杜威的观点,学校本身必须是一种社会生活,具有社会生活的全部含义;校内学习应该与校外学习连接起来。学校不应该是孤立于社会的组织,必须成为一个生气勃勃的社会机构,具备社会生活的典型条件。只有在这样的环境中,学生才能通过参与活动,形成能适应社会的能力,为社会生活做好准备。

2. 陶行知"社会即学校"

为了增强教育的社会性、扩大群众对教育的参与度以适应我国的教育改革,陶行知改造了杜威的教育理论,提出"社会即学校"的观点。"社会即学校"即把整个社会或乡村当作学校,将办学的范围扩大到拥有更多师生、更多教育方式、更多教育手段、更多教育材料的整个社会。"到处是生活,即到处是教育;整个的社会是生活的场所亦即教育之场所。"[3]这里,陶行知所指的学校,一是指专门学校,二是指人民大众的生活场所。如此一来,陶行知的生活教育就建构了包括学校教育、家庭教育和社会教

---

[1] [美]杜威:《我的教育信条——杜威论教育》,彭正梅译,上海,上海人民出版社2013年版,第3页.
[2] 黄希尧:《让学校成为和谐社会的"熔炉"——杜威和谐教育思想述评》,载《社会科学家》,2007(2).
[3] 《陶行知全集》(第二卷),491页,成都,四川教育出版社,1991.

育在内的大教育体系。

幼儿园通过建构博物馆，将本应由社会为幼儿创建的感知、欣赏和探究自然、社会、文化及科技的场所搬进园里，在一定程度上缓解了供幼儿学习的社会公共资源紧张的状况。从这个角度而言，开展幼儿园博物教育与杜威创办实验学校的行为具有同质性，即为幼儿提供经过选择的环境，使幼儿通过直接实践进行学习，使幼儿园成为一个小型的、雏形的社会。可以说开展幼儿园博物教育是对"学校即社会"的实践。幼儿园博物教育并不是只在幼儿园开展或者只是幼儿园组织博物教育活动，而是以幼儿园为主导，家庭、社区、博物馆等多方合作开展教育活动，即幼儿园博物教育也鼓励幼儿在幼儿园以外的任何场所学习，通过各种方式培养博物意识、博雅情趣、博爱情怀。从这个角度来看，开展幼儿园博物教育与陶行知创办的晓庄师范、山海工学团等学校的教育实践具有同质性。可以说幼儿园博物教育秉承了"社会即学校"的教育精神，充分体现了以社会为学校的教育宗旨。

（二）儿童发展心理学相关理论

1. 皮亚杰的认知发展理论

皮亚杰（Piaget）从认知的发生和发展的角度对儿童心理学进行了系统和深入的研究，提出了系统的儿童认知发展理论。皮亚杰认为教育是帮助认知发展的过程，即创造儿童与外界相互作用的条件，使儿童的认知结构不断完善和发展的过程。皮亚杰指出早期教育应着眼于发展儿童的主动活动，特别是在学前教育中，要为儿童提供实物和环境，让儿童自己动手操作，帮助儿童提高提问的技能；要积极了解并帮助儿童解决认知发展中的困难[1]；要把儿童当作一个发展中的主体，尊重儿童的活动权和创造权。他还认为教育的目的不是增加儿童的知识，而是为儿童创设丰富的环境，让儿童自行探索，主动学习；学校不要过早地向儿童教授他们以后能主动得到的知识。

2. 维果茨基的社会文化理论

维果茨基（Vygotsky）强调有社会性意义的活动对人类有重要影响。他认为社会环境对学习有关键性的作用，社会因素与个人因素的整合促成了学习，从初级心理功能到高级心理功能的发展离不开社会文化环境的影响，社会文化环境通过符号工具（社会的文化物品以及它的语言和社会机构）影响认知。他强调人与周围环境之间的相互作用，认为符号工具是学习与发展的关键机制。

---

[1] 符吉祥：《浅谈皮亚杰理论对教育教学的意义》，载《钦州师范高等专科学校学报》，1999（14）.

（三）布朗芬布伦纳的发展心理学生态系统理论

心理学家布朗芬布伦纳（Bronfenbrenner）认为对儿童发展特点的研究要强调儿童发展的情境性，并提出了生态系统理论的观点。布朗芬布伦纳在其理论模型中将人生活于其中并与之相互作用的、不断变化的环境称为自身。生态系统以自身对儿童发展的影响程度分为微系统、中系统、外系统和宏系统四个层次。布朗芬布伦纳生态系统理论的行为系统模型见图1-1。

首先，无论是皮亚杰还是维果茨基亦或布朗芬布伦纳，都认为人是在与外界互相作用中发展的。这启示我们要重视周围的教育价值，创造幼儿与环境互动的机会。幼儿园博物教育不仅要求幼儿园布置丰富的博物墙，而且还要联结家长、社区和博物馆等能为幼儿园博物教育提供支持的资源。其次，皮亚杰和维果茨基都强调教育要走在前面，即幼儿园博物教育高于幼儿的经验，但不要明显高于幼儿已有的水平。最后，幼儿园博物教育还可以弥补学前教育中较少践行的历史文化部分。通过博物教育活动，幼儿在开阔眼界、萌发博物意识的过程中会逐步了解其所处的世界以及所运用的文化，为成为具有较高文化修养的人奠定基础。[1]

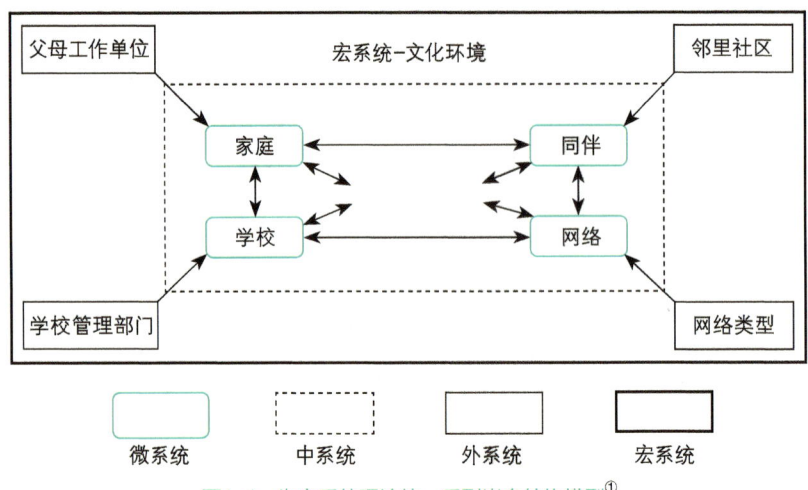

图1-1　生态系统理论的一系列嵌套结构模型①

（四）刘华杰的一阶二阶博物学理论

刘华杰关于博物学定义的观点属于当下较具影响力的人文博物学流派。在《理解世界的博物学进路》一书中，他为了辨析人文博物学的范畴提出了"一阶博物和二阶博物"的观点，认为博物学工作可分为一阶工作和二阶工作。直接观察昆虫、鸟、植

---

[1] 刘杰、孟会敏：《关于布朗芬布伦纳发展心理学生态系统理论》，载《中国健康心理学杂志》，2009，17（02）.

物等或者对其进行分类、描述，属于一阶工作；研究历史上或现实中一阶博物学家或自然爱好者，属于二阶工作，博物学文化、博物学史、博物学的认识论和方法论研究都属于二阶。许多博物学家同时也做二阶工作。一阶工作与二阶工作可适当分离。做二阶工作的工作者未必要成为一阶工作的行家。但是，如果二阶工作与一阶工作能够很好地结合起来，则是非常理想的。如果没有一阶博物学的兴趣、实践，一阶知识甚少，那么二阶工作很难做细、做好。

幼儿园博物教育的主要作用可分为广识万物和培养科学思维。按照刘华杰老师博物学的观点，广识万物为一阶博物，培养科学思维为二阶博物，即广识万物是幼儿园博物教育的一阶博物，培养幼儿科学思维是幼儿园博物教育的二阶博物。广识万物是最基本也是最重要的部分在某种程度上会影响幼儿科学思维的培养。幼儿园博物教育要同时重视广识万物和培养幼儿的科学思维。

二、幼儿园博物教育的政策依据

（一）《指南》中幼儿园博物教育的依据

《指南》提出要"关注幼儿学习与发展的整体性""尊重幼儿发展的个体差异""理解幼儿的学习特点和方式"以及"重视幼儿的学习品质"。从这个角度看，幼儿园博物教育是践行《指南》精神的一种新型的教育实践方式。

第一，幼儿园博物教育关注的是幼儿学习与发展的整体性。幼儿园博物教育是全面的、启蒙性的，在大自然与大社会中让幼儿感受多样化的事物；主张采用多样化的形式，通过领域之间、目标之间的相互渗透和整合促进幼儿身心全面协调发展，为基础教育创造一个良好的开端。

第二，幼儿园博物教育尊重幼儿发展的个体差异。每名幼儿在自然和社会中都会发现其感兴趣的事物。开展幼儿园博物教育就是要充分挖掘每名幼儿的兴趣点，培养幼儿对生活持续的专注力、表现力，使幼儿具有一定的探究兴趣和探究能力。整个过程为幼儿提供支持和鼓励，促进幼儿在形成博物意识的过程中敢于实践、创新，培养幼儿具有个性化特征的博雅情趣和博爱情怀。

第三，幼儿园博物教育遵循幼儿的学习方式和特点。幼儿发现、观察与探索广泛多样的事物，在亲身体验、实践操作的过程中感知客观世界与人类文化，获得丰富的经验，从而进一步形成对周围事物广泛关注与探究的博物意识。博物意识引导幼儿在深入观察生活中的事物的基础上积累丰富的观察经验，从而提高认知与分类能力。幼儿园博物教育倡导积极探究精神，幼儿运用摸、闻、看、听等多种感官通道获得对周围世界的多种体验。

第四，幼儿园博物教育重视培养幼儿的学习品质。在幼儿园博物教育活动中，不论是前期观察与探索，还是探究中对事物分类的尝试、对事物本质的挖掘，都是在充分调动幼儿的好奇心和学习兴趣，注重交流探索的过程，让幼儿发现身边的美，引导幼儿探究、表达与创造的基础上进行的。这与《指南》中关注幼儿积极主动、敢于探究与尝试等良好学习品质的精神是一致的。

（二）《纲要》中幼儿园博物教育的依据

《纲要》中第三条提出"幼儿园应为幼儿提供健康、丰富的生活和活动环境，满足他们多方面发展的需要，使他们在快乐的童年生活中获得有益于身心发展的经验"。此外，《纲要》中教育目标与内容要求指出：幼儿实际的学习是综合的、整体的，幼儿园教育内容范畴的划分是相对的；教育过程应依据幼儿的学习特点，使幼儿通过真实且有意义的活动主动学习获得完整经验，促进身心全面和谐发展。

幼儿园博物教育是融合五大领域的综合性教育活动。在幼儿园博物教育活动中，五大领域的界限并不清晰，每个博物教育活动都会根据其具体内容包含五大领域或其中几个领域。幼儿园博物教育根据活动主题的不同，也会随之改变。幼儿在班级和幼儿园营造的环境下，能提高参与的兴趣，满足多方面发展的需要。由此可见，幼儿园博物教育是符合《纲要》精神的。

（三）《幼儿园工作规程》中幼儿园博物教育的依据

《幼儿园工作规程》（以下简称《规程》）第二十八条提出"幼儿园应当为幼儿提供丰富多样的教育活动。教育活动内容应当根据教育目标、幼儿的实际水平和兴趣确定，以循序渐进为原则，有计划地选择和组织。教育活动的组织应当灵活地运用集体、小组和个别活动等形式，为每个幼儿提供充分参与的机会，满足幼儿多方面发展的需要，促进每个幼儿在不同水平上得到发展。教育活动的过程应注重支持幼儿的主动探索、操作实践、合作交流和表达表现，不应片面追求活动结果"。第三十条指出"幼儿园应当将环境作为重要的教育资源，合理利用室内外环境，创设开放的、多样的区域活动空间，提供适合幼儿年龄特点的丰富的玩具、操作材料和幼儿读物，支持幼儿自主选择和主动学习，激发幼儿学习的兴趣与探究的愿望。幼儿园应当营造尊重、接纳和关爱的氛围，建立良好的同伴和师生关系。幼儿园应当充分利用家庭和社区的有利条件，丰富和拓展幼儿园的教育资源"。

幼儿园博物教育是以幼儿园为主导，家庭、社区和博物馆等多方合作的教育活动，可见幼儿园博物教育充分利用了幼儿园周围的教育资源。此外，幼儿园博物教育是以小组活动为主，多种组织形式相结合的教育活动。教师将兴趣点相同的幼儿分为一组，每组幼儿通过多种途径解决问题。在此过程中，幼儿既锻炼了合作交流、动手操作的能力，也培养了主动探索的意识。从这个角度可以说，幼儿园博物教育是贯彻《规程》的新型教育形式。

第二章　幼儿园博物教育课程目标

第一节　制定幼儿园博物教育课程目标的依据

课程目标是课程建设的灵魂，是课程实施的行动指南，更是制定教学目标的重要标准。课程目标是学校培养目标的体现，反映了教学内容的方向和性质，是课程内容和课程评价的依据。

幼儿园博物教育课程是建立在多学科基础上的综合性、应用性学科，既包括儿童心理学、教育学、社会学，也包括博物学、自然科学、人文科学等。对于这样综合性的学科体系，我园多年来一直进行相关研究。幼儿园博物教育课程目标主张走进更广泛的世界，开阔视野；走进自然，感受自然的神奇；走进社会，了解社会发展与需求；走进生活，熟知衣食住行；走进儿童，追随儿童发展的兴趣、速度、能力。图2-1是幼儿园博物教育课程目标建构思路。

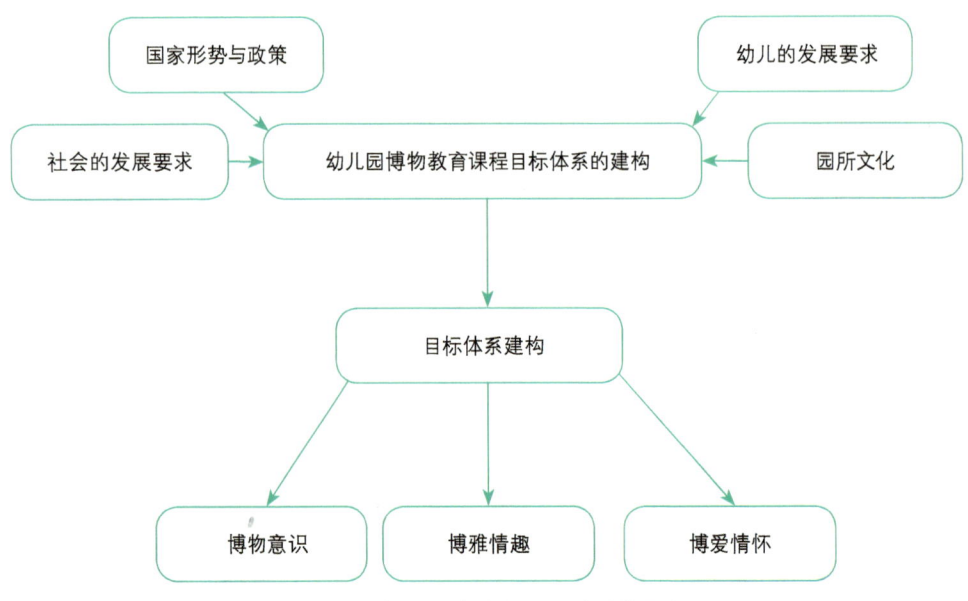

图2-1　幼儿园博物教育课程目标建构思路

一、依据国家形势与政策

国家形势与政策是我园确立博物教育课程目标的导向。中国共产党第十九次全国代表大会报告指出:"坚持人与自然和谐共生。建设生态文明是中华民族永续发展的千年大计。必须树立和践行绿水青山就是金山银山的理念,坚持节约资源和保护环境的基本国策,像对待生命一样对待生态环境。"[1]幼儿园博物教育倡导人与自然共生、人与自然和谐共处,让幼儿拥有对自然的敬畏之心,萌生保护自然的想法,热爱自然,保护自然。

《中华人民共和国国民经济和社会发展第十三个五年规划纲要》指出:"要确保包容、公平和有质量的教育,促进全民享有终身学习机会,成为世界教育发展新目标。教育与经济社会发展的结合更加紧密,以学习者为中心,注重能力培养,促进人的全面发展,全民学习、终身学习、个性化学习的理念日益深入人心。"[2]幼儿园博物教育课程注重开阔幼儿视野,在学习的过程中培养幼儿观察、对比、分类等逻辑思维能力,同时也注重培养幼儿的学习品质。这正是与国家政策"促进人的全面发展"不谋而合的。学前阶段是人生发展的奠基阶段,幼儿园要为幼儿终身学习与发展做好准备。

与此同时,《纲要》和《指南》关注幼儿学习与发展的整体性,注重对幼儿学习品质的培养,强调为幼儿终身学习奠定基础。幼儿园博物教育是综合性的教育,体现多个领域的相互渗透;根据幼儿的学习方式和特点,使幼儿在操作、感知、体验中学习,通过创设丰富的博物环境,将知识分布在一日生活中。在博物教育中,我园提倡走进博物馆、美术馆、科技馆等,创造条件让幼儿接触多种艺术形式和作品,贯彻落实《指南》中"带幼儿去剧院、美术馆、博物馆等欣赏文艺表演和艺术作品"的教育建议。在博物教育的滋润下,幼儿会自愿走入博物馆,感受世界的神奇与美妙;家长也会更多地关注博物教育,提高自己的博物素养,积极同幼儿园合作。

二、依据社会的发展要求

21世纪,社会的发展要求越来越趋向多元化。

首先,坚定维护我国文化。文化是一个国家、一个民族的灵魂。文化兴国运兴,文化强民族强。没有高度的文化自信,没有文化的繁荣兴盛,就没有中华民族的伟大复兴。不忘本来、吸收外来、面向未来,才能更好构筑中国精神、中国力量。中华民

---

1 习近平在中国共产党第十九次全国代表大会报告.(2017-10-28)http://cpc.people.com.cn/n1/2017/1028/c64094-29613660.html.
2 国务院关于印发国家教育事业发展"十三五"规划的通知.(2017-01-19)http://www.gov.cn/zhengce/content/2017-01/19/content_516134.htm.

族的传统文化是博物教育的重要内容。幼儿在幼儿园博物教育中了解中国传统文化和西方文化，感知文化的差异性，感受世界文化的魅力，萌发对本民族文化的热爱之情，坚定文化自信。总而言之，幼儿园博物教育是尊重历史，保留和传承本国、本民族文化的。

其次，培养创新型人才。国家发展必然离不开创新，这也正是实现强国梦的重要途径。关注现代新科学，如环境保护、可持续发展、信息和通信设备等，可以产生博物教育的生发点。幼儿园博物教育引导幼儿关注现代化科技，了解科技为我们生活带来的便利，培养幼儿科学思维能力和动手操作能力，发挥幼儿的想象力和创造力。

最后，保护自然也是社会对人发展的要求之一。保护自然是幼儿园博物教育的重要内容。幼儿园博物教育引导幼儿关注、保护自然，了解环境与我们生活的紧密关系，建立初步的环保意识、责任意识。

三、依据幼儿的发展要求

幼儿的发展要求是课程目标建构的出发点与落脚点。社会要求的满足需要通过幼儿的发展来实现，幼儿是活动的主体，幼儿园博物教育的开展与幼儿年龄特点、兴趣爱好、学习方式等紧密相连。我园从幼儿的需要、兴趣、爱好等出发，挖掘问题，选取动物、植物、玩具、绘本等幼儿感兴趣的东西，使幼儿能够见识多样的事物，开阔视野，通过广泛关注、深入观察、静心欣赏、积极探究不断理解事物之间的内在关系，如事物的发展过程、事物之间的逻辑关系等；能够掌握观察、对比、分类等学习方式与能力，学会运用收藏、展示等多种方式进行记录，知道如何更好地保护、传承文化。

四、依据园所文化

园所文化的润养是课程目标建构的基石。自"十二五"规划公布以来，我园对主题式幼儿博物馆进行了实践探索，涌现出一系列活动主题与案例。师幼发起并建构"博物馆"，对事物侃侃而谈，把自己所有美好记忆珍藏起来；家长能够主动带幼儿参观博物馆；教师不断增长自己的见识：这就是实践的带动作用。

在深入研究的基础上，我园申报了北京市教育科学"十三五"规划课题，将博物馆延伸到了博物。博物馆是进行博物教育的一种载体，"一日生活皆博物"是我园始终坚持的教育理念。"水墨润养心灵、博物启迪智慧"的园所文化理念始终渗透在幼儿的一日生活中，也渗透在教师的心中。全体教师不断学习博物学的相关内容，了解大千世界中神奇的自然科学和丰富的人文科学，在园所文化的熏陶中走进各种各样的博物馆，了解各种各样的事物，不断提高自己的文化修养。刘华杰的《博物人生》指出，以博物的眼光观察世界，以博物的情怀理解世界，人生会更丰富、更轻松；在纷繁复杂的世界里，多一份"看花哲学"，循着自然的脉搏、植物的肌理，才能感受世界的宁静与美好。博物学里的人生态度、对世界的观察与感受，都让人感觉到人生的美妙之处，这是博物能带给大家智慧启迪、让大家都成为人生的智者的原因。这也是在园所文化的润养下大家由被动接受转化为主动获取，并在幼儿园博物教育的活动中感受幼儿的成长变化，最终多方受益的结果。

基于上述的课程目标依据，我园结合国家形势与政策、社会的发展要求、幼儿的发展要求、园所文化，进行了幼儿园博物教育课程目标的相关研究，确定了培养幼儿博物意识、博雅情趣、博爱情怀的课程目标。

第二节　幼儿园博物教育课程目标的制定

在构建课程目标时，我园参照了古德莱德（Goodlad）课程目标分类。图2-2为教师建构幼儿园博物教育课程目标的循环示意图（六边形表示对课程目标的分类）。

正式的课程目标是指国家的教育文件、具体学科的课程标准界定的目标；领悟的课程目标是指教师理解的正式的课程目标；设计的课程目标是指教师进行教学设计时确定的目标，在一线教学中通常表现为教案中的教学目标；运作的课程目标是指在实际活动中实现的目标；反思的课程目标是指教师在教学反思或者其他教学活动（如教

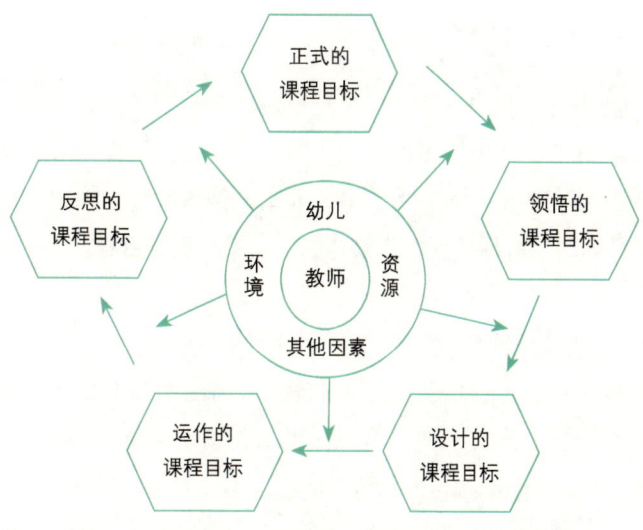

图2-2　教师建构幼儿园博物教育课程目标的循环示意图

学竞赛、教研活动）中再度理解和深化的目标。[1]

在参考古德莱德课程目标分类的基础上，我园对幼儿园博物教育课程目标进行了剖析与解读，如图2-3所示。

正式的课程目标是指《纲要》《指南》对各领域教育目标的规定。

领悟的课程目标是指教师在对《纲要》《指南》进行不断实践的过程中，形成的自己的理解。

设计的课程目标对应幼儿园博物教育教学目标，是在幼儿园博物教育总目标的指引下根据具体活动设计的目标。

运作的课程目标对应幼儿园博物教育中具体达成的目标。例如，幼儿了解到哪些，学习到什么方法，获得了什么体验等。

反思的课程目标对应我园在研究中细化、深化幼儿园博物教育目标的具体表现。

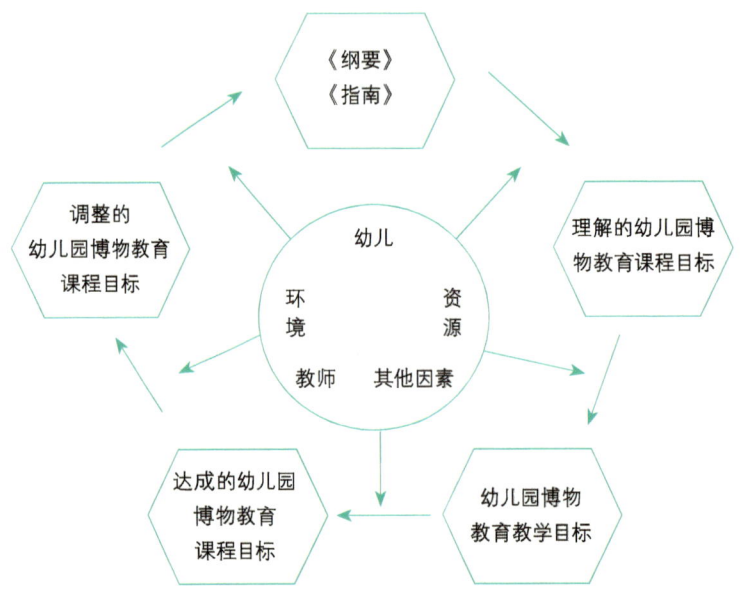

图2-3　我园构建的幼儿园博物教育课程目标的循环示意图

依据《纲要》《指南》的精神，我园制定了幼儿园博物教育课程目标，同时进行各年龄段博物教育目标的分目标解读，在具体的活动中实现分目标。

一、博物意识、博雅情趣、博爱情怀课程目标解读

博物分为"博"和"物"。"博"是指知博、得博、爱博，"物"是知物、得物、

---

[1] 郭文龙、马丽君：《课程与教学关系新论——由古德莱德课程观引发的思考》，载《教育探索》，2016（3）.

爱物。幼儿通过幼儿园博物教育了解事物的多样性，学习观察、对比、分类的科学方法，培养收藏的兴趣，学会保护环境等，在这个基础上转变思维方式，为将来的发展奠定基础。

根据前期建构的理论和积累的经验，我园对幼儿园博物教育课程目标进行了解读，如图2-4所示。

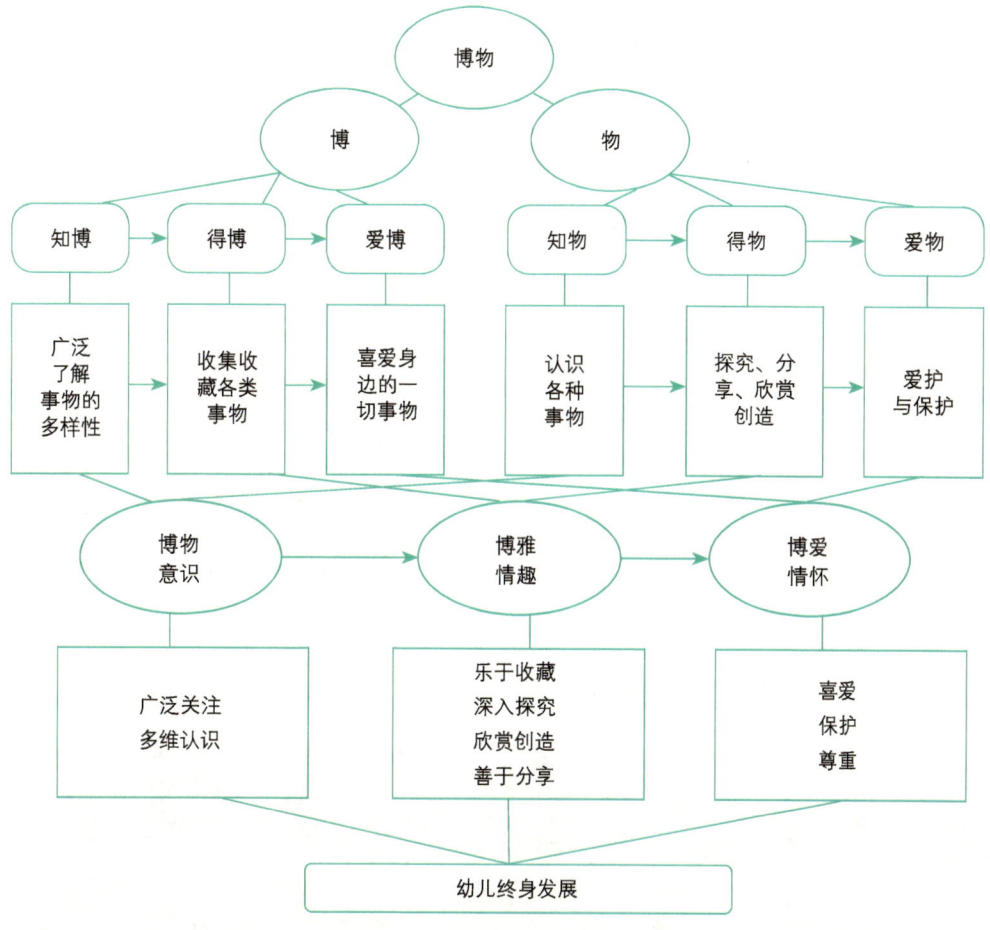

图2-4 幼儿园博物教育课程目标解读

二、博物意识、博雅情趣、博爱情怀与《指南》目标

《指南》指出要关注幼儿学习与发展的整体性，尊重幼儿发展的个体差异，理解幼儿的学习方式和特点，重视幼儿学习品质的培养。幼儿园博物教育中博物意识、博雅情趣、博爱情怀的课程目标契合《指南》的精神，符合《指南》中相关领域的要求。幼儿园博物教育课程目标如表2-1所示。

表2-1 幼儿园博物教育课程目标

博物教育课程目标	关键词解读	对应《指南》中的目标
博物意识	广泛关注：主动去认识自然，探索世界。 多维认识：感知自然、社会文化的多样性。	1. 亲近自然。 2. 喜欢欣赏多样的艺术形式与作品。 3. 喜欢自然界与生活中美的事物。
博雅情趣	乐于收藏：愿意收藏自己喜欢的东西，逐步形成收藏的习惯。 深入探究：能主动观察、发现事物的特征和事物之间的差别，有探究欲望和探究能力。 欣赏创造：在欣赏和创作的过程中提升审美意识。 善于分享：乐于分享周围新奇、有趣的事物。	1. 具有艺术活动的良好习惯。 2. 喜欢探究。 3. 愿意讲话并能清楚地表达。 4. 喜欢自然界与生活中的美的事物，喜欢进行艺术活动并大胆表现。
博爱情怀	喜爱：热爱具有中国传统文化特色的事物，乐于接触自然，感受大千世界并积极与之互动，对生活充满兴趣。 保护：体会人与自然的和谐，与身边的事物友好相处。 尊重：接纳、尊重与自己的生活方式或习惯不同的人，能换位思考。	1. 喜欢自然界与生活中的美的事物。 2. 关心尊重他人，具有自尊、自信、自主的表现。 3. 初步了解人们的生活与自然环境的密切关系，知道尊重和珍惜生命，保护环境。 4. 愿意与人交往，能与人友好相处。 5. 关心尊重他人。 6. 具有一定的适应能力。 7. 知道自己的民族和祖国，爱祖国，为自己是中国人感到自豪。

三、各年龄段博物教育课程目标

基于总的幼儿园博物教育课程目标，各年龄段博物教育课程目标如表2-2、表2-3和表2-4所示。

表2-2　小班（3~4岁）博物教育课程目标

博物意识	博雅情趣	博爱情怀
（一）广泛关注 1. 喜欢花草树木、日月星辰等大自然中美的事物。 2. 对周围的很多事物和现象感兴趣。 （二）多维认识 1. 知道身边常见的生命科学类事物的多样性。 2. 感知身边艺术文化的多样性，初步了解本地区的文化习俗。	（一）乐于收藏 愿意收藏自己感兴趣的事物。 （二）深入探究 1. 愿意在成人引导下主动探究事物发生的神奇现象，并进行仔细观察，发现明显特征。 2. 能用多种感官或动作去探索事物。 （三）欣赏创造 1. 喜欢欣赏美的事物，并能获得愉快的体验。 2. 能用简单的线条和色彩大体画出自己想画的人或事物。 3. 愿意改造设计或创造事物。 （四）善于分享 愿意在成人引导下分享自己的成果与作品。	（一）喜爱 1. 喜欢幼儿园生活。 2. 喜欢观看与欣赏多种艺术形式作品。 （二）保护 1. 在成人提醒下，能爱护小动物、小花小草，爱惜玩具。 2. 各类节日中，在成人的引导下用语言感谢周围的人和事物。 （三）尊重 1. 在提醒下做到不打扰别人。 2. 长辈说话时能认真听，并能听从长辈的要求。 3. 身边的人生病或不开心时表示同情。

表2-3　中班（4~5岁）博物教育课程目标

博物意识	博雅情趣	博爱情怀
（一）广泛关注 喜欢接触新事物，喜欢询问。 （二）多维认识 1. 知道并了解生命科学类、地球科学类事物的多样性，并能进行简单的分类，了解事物的某些简单特性。 2. 感知艺术文化的多样性并初步了解文化历史的脉络。	（一）乐于收藏 喜爱收藏，感受收藏的快乐。 （二）深入探究 1. 能对丰富的事物进行观察比较，找出相同与不同。 2. 愿意动手解决自己在操作中遇到的困难。 3. 能用多样的形式进行记录。 （三）欣赏创造 1. 喜欢并乐意将生活中的所见所闻等信息进行集体分享。 2. 能够对喜欢的事物进行加工、设计与创造。 3. 喜欢欣赏生活中美的事物，乐在其中。 （四）善于分享 用多种方式表现、交流和分享发现的过程、方法和感受。	（一）喜爱 对周围生活充满热爱。 （二）保护 1. 初步理解保护环境的道理。 2. 了解本地区文化并进行文化传承，建立初步的使命感、责任感。 （三）尊重 1. 爱惜自己的生命，友好对待他人。 2. 了解和接受与自己生活方式或习惯不同的人，与其友好相处。 3. 认识多样化的职业与其各自的特点，了解和体会多种职业工作的辛苦。 4. 感知我国的主要民族文化与世界其他国家和民族的文化，具有民族自豪感的同时体会世界文化的丰富性、多样化。

表2-4 大班（5~6岁）博物教育课程目标

博物意识	博雅情趣	博爱情怀
（一）广泛关注 对自己感兴趣的问题不断追问。 （二）多维认识 1. 见识身边生命科学类、地球科学类、物理科学类、工程与技术类事物的多样性，了解一些事物的神奇现象产生的条件或影响因素。 2. 感知文化的多样性，了解不同文化之间的差异，了解历史文明进程的演变与发展。	（一）乐于收藏 能够坚持不懈地进行收藏，体会收藏的快乐。 （二）深入探究 1. 能对某个事物进行深入探究。 2. 能通过观察、比较与分析，发现并描述不同种类事物的特征或某个事物前后的变化。 （三）欣赏创造 1. 对事物有自己独到的见解，能进行加工与创造。 2. 喜欢欣赏美的事物，有自己的判断标准。 （四）善于分享 主动与他人分享自己的成果或作品。	（一）喜爱 1. 热爱本地生活并有强烈的责任感。 2. 在群体生活中感到快乐。 （二）保护 1. 保护环境，节约资源。 2. 知道并了解多民族的文化，学习传承、保护传统文化。 （三）尊重 1. 平等对待自然万物，珍爱生命。 2. 接纳和尊重不同生活方式或文化背景的人，积极了解其特性并相互学习。 3. 平等对待不同职业者，尊重其劳动方式与特点并珍惜其劳动成果。 4. 理解世界不同国家和民族的文化多样性与差异性，热爱中国文化，乐于了解和学习不同的文化。

第三章 幼儿园博物教育课程内容

第一节 幼儿园博物教育课程内容选择的依据

幼儿园博物教育课程内容是根据教育价值观及相应的幼儿园课程目标选择的幼儿学习内容。课程内容是实现幼儿园课程目标的中介。幼儿园博物教育课程内容主要是依据国家方针政策，参考学前教育纲领性文件和相关博物学内容，结合幼儿园自身的情况选择的。

内容是反映事物本质的核心。博物教育课程内容生成于幼儿、教师和家长，贯穿于幼儿的一日生活，遵循博物性、兴趣性、探究性原则，是促进幼儿学习与发展的有效载体。

一、基于《纲要》《指南》中教育内容的要求

幼儿园博物教育课程是践行《纲要》《指南》精神的中介，博物教育内容应遵循《纲要》《指南》中的基本理念、基本原理、基本规律和基本内容。幼儿园一日生活皆博物，教育活动、生活活动、区域活动、户外活动、社会实践、家园共育均是教育契机。在内容选择上，我园注重培养幼儿观察自然、探索世界、归纳分类、收藏分享的能力，引导幼儿关心自己及身边的人，提高幼儿对事物的文化与历史的兴趣，使幼儿形成良好的学习品质、情感态度以及认知能力，为幼儿后继学习和终身发展奠定坚实的基础。

二、基于博物学内容的选择

幼儿园博物教育是服务幼儿终身发展的教育。博物学涵盖自然科学，科学中有博物学，博物学中也有科学。在选择内容时，我园关注自然科学的独特价值，从生命科学、地球与空间科学、物理科学、工程与技术等科学中提取适合幼儿园开展的内容，发挥幼儿园博物教育的价值。对幼儿来说，自然科学是真实和有趣的。我园选择幼儿

可接受的内容，符合幼儿的发展特点。

第二节 幼儿园博物教育课程内容选择的原则

幼儿园博物教育课程在内容选择上应注重幼儿学习与发展的整体性、差异性，遵循幼儿的学习与发展的规律，注重培养幼儿的学习品质。幼儿园博物教育课程内容是全面的、启蒙的，通过多样化的形式使领域之间、目标之间相互渗透和整合，在知博、得博、爱博、知物、得物、爱物中培养幼儿的博物意识、博雅情趣、博爱情怀。基于此，幼儿园博物教育课程内容的选择应遵循以下原则。

一、博物性原则

博物性是区别于其他幼儿园课程的一个特有属性。幼儿园博物教育课程内容的选择遵循博物性原则，引导幼儿形成关注、认识、收藏、探究、创造、分享、保护等能力。

例如，在一次探讨纸的过程中，幼儿关注到了不同种类的纸，对纸的材质、玩法等产生了浓厚的兴趣。教师认识到这一过程中蕴含着丰富的话题，引导幼儿关注、认识并充分发挥纸的作用。

各种各样的纸

在深入认识和了解纸的基础上，幼儿对纸产生了浓厚的兴趣。在活动区的时候，他们自己会把教师提供的各种纸进行分类，拿到园报的时候会说"这是报纸""这是牛皮纸"……基于幼儿的关注点，我首先号召家长和幼儿一起通过多种渠道收集各种各样的纸，找找生活当中的纸制品。然后，我引导幼儿把收集上来的纸从不同维度进行分类，以九宫格的形式呈现在主题墙上。幼儿可以带上眼罩对纸进行触摸，与同伴玩猜纸游戏，以巩固对纸的认知。最后，我和幼儿一起把他们带来的纸进行展陈，举行了一个小的展览会。在这个过程中，幼儿不仅知道了纸的种类繁多，积累了关于纸的经验，而且养成了善于广泛关注、认真观察事物的习惯。

（作者/张天红）

二、兴趣性原则

"兴趣是最好的老师",幼儿园博物教育课程应以幼儿兴趣为出发点,以培养幼儿的学习兴趣、提高幼儿的学习热情、使幼儿养成良好的学习习惯为目的,从幼儿感兴趣的事物中选择教育价值丰富、博物性强、益于幼儿接受和理解的内容。

幼儿乐于亲近、接触自然,感受大千世界并积极与之互动,对生活充满兴趣,能体会到人与自然的和谐友好。教师要善于分析、发现幼儿的兴趣点,及时将幼儿感兴趣的事物纳入课程内容。

我发现昆虫啦

在户外活动时,轩轩惊喜地发现地上有一只甲壳虫。他叫喊着跑向甲壳虫,蹲下来兴奋地向同伴介绍他的新发现:"我发现了一只昆虫!"幼儿们好奇地凑过来,七嘴八舌地感叹这只甲壳虫。突然晴晴提出了一个问题:"什么是昆虫呀?"这时候我说:"昆虫有头、胸、腹,还有六只足和一对触角。你看这只甲壳虫是不是这样的?"幼儿们凑近昆虫,用手指着甲壳虫的足,数了起来:"1、2、3、4、5、6!真的是昆虫!""我们再去找找其他昆虫吧!"幼儿们马上赞同了这个提议,四散去找昆虫了。"我发现昆虫啦!是一只蜘蛛!"我问:"蜘蛛是昆虫吗?"晴晴看了看蜘蛛说:"蜘蛛不是昆虫,它有八只足。"在我的鼓励下,幼儿们认识了昆虫大家庭里的蝴蝶、蜜蜂、蚂蚁,并约好下次户外活动时再找一找其他昆虫。

以这次"昆虫事件"为契机,我又组织幼儿开展了阅读《昆虫和蜘蛛可以这样看》《昆虫王国大探秘》等相关图书,丰富了幼儿对昆虫的认识。

(作者/田璐)

在这个案例中,幼儿积极关注大自然中的事物,与昆虫互动。教师不仅成功地将课程内容转化为幼儿的兴趣,同时引发了幼儿新的兴趣,为继续开展相关课程奠定了基础。

三、探究性原则

幼儿园博物教育课程包含自然科学的内容。在幼儿园阶段,我们应选择探究性强、能够培养幼儿的好奇心和求知欲的内容,从而更好地发挥幼儿的积极性、主动性、创造性,让每名幼儿都能参与博物教育活动,探索事物的奥秘,获得发展。

不同肤色也很美

幼儿们看完《身体》一书后，发现人的肤色是不同的，并根据不同的喜好对哪种肤色最美进行了激烈的争论。有的说"我们就是黄皮肤，我最喜欢黄皮肤"，有的说"白皮肤的小朋友最漂亮，像个洋娃娃"。

对于幼儿的讨论，我没有即时下定论，而是和幼儿们一起收集了植物角的植物。我们先通过对叶子的大小、形状、颜色、是否有刺等特征进行观察和比较，再出示每种植物生长环境的图片，还用小毛巾模拟土壤的状态。通过这些环节，幼儿们感知了每种植物生长的湿度、温度和环境。幼儿们逐渐发现，在不同的环境下植物的叶子会出现很大的差异，也认识到了不同植物的叶子是为了适应环境和维持生存的。人的不同肤色也是如此。幼儿们知道了根据肤色的深浅可以把人分为了白色人种、黑色人种和黄色人种，了解了日照强度和时间长短影响肤色的深浅。通过感知事物的多样性和差异性，幼儿们觉得每种肤色都很美。

（作者/张蕊）

上述案例中，幼儿积极探究植物角的植物，进行观察、实验，对比分析植物的叶子与人的肤色的差异，感知事物的多样性和差异性。这一过程培养了幼儿的好奇心和求知欲。

第三节　幼儿园博物教育课程内容的框架

一、幼儿园博物教育课程内容的框架解读

以贯彻《纲要》《指南》的精神和符合幼儿年龄特点的学习要求为主线，以幼儿的兴趣为出发点，幼儿园博物教育课程内容可分为常规课程内容和特色课程内容两大类。常规课程内容涵盖自然博物和社会博物两大板块，自然博物包括生命科学、地球与空间科学、物理科学、工程与技术，社会博物包括艺术文化、社会历史文化，并在后续的课程实施中得到了不断调整和完善，成为一套相对成熟的幼儿园博物教育课程体系。特色课程内容可分为主题式幼儿博物馆和世界博物馆日活动。

幼儿园博物教育课程内容的选取强调以幼儿的兴趣、需要和能力主，随着幼儿的兴趣、需要和能力的变化而变化。由于博物学内容繁多，有些范畴不属于幼儿园教育教学体系，因此，为发挥幼儿园特色，我园从广博的博物学范畴内选取了一些适合在幼儿园开展的、符合幼儿兴趣和发展规律的内容。幼儿园博物教育课程内容的框架如3-1所示。

第三章 幼儿园博物教育课程内容　29

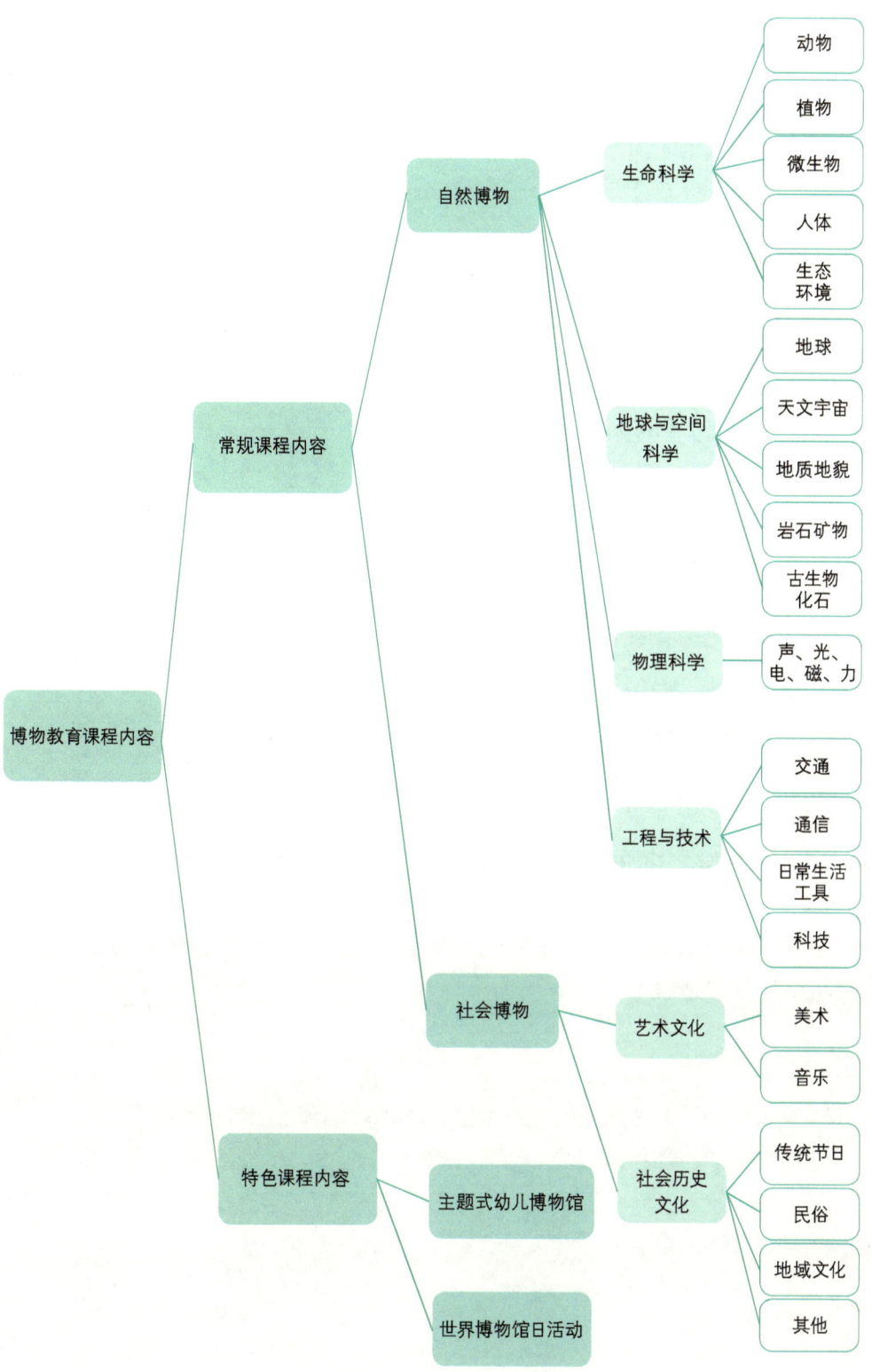

图3-1　幼儿园博物教育课程内容的框架

（一）常规课程内容

1. 生命科学

生命科学与动物、植物、微生物、人体、生态环境有关，包括生物的生长周期和环境需求、各种生物独有的特征等内容。

2. 地球与空间科学

地球科学包括岩石、贝壳、土壤、天气、季节等随时间变化的规律。空间科学包括昼夜交替以及光产生的现象，如阴影和反射；还包括空间物体，如太阳、月亮和星星。

3. 物理科学

物理科学包括材料的物质属性、物理现象及运动规律，如磁力、重力、质量、形状、大小、质地、颜色、形态、温度等。

4. 工程与技术

工程与技术指人们为了改造世界所运用的手段和工具，在幼儿园阶段主要包括交通、通信、日常生活工具以及科技。

5. 艺术文化

艺术是人类感受美、表现美、创造美的重要形式，人们通过艺术表达对世界的认识。艺术也包含人类对自己的认识，在幼儿园博物教育课程中主要涉及美术与音乐两方面的内容。

6. 社会历史文化

社会文化是社会发展过程中人类创造出的物质财富和精神财富的总和。历史文化是一个国家或民族在长期的社会实践中积淀的物质文明和精神文明的总和，也是民族特有的思维方式的精神体现。社会历史文化主要包含传统节日、民俗、地域文化以及幼儿感兴趣的人、事、物等。

（二）特色课程内容

除常规类课程内容外，特色课程内容包括主题式幼儿博物馆和世界博物馆日活动。

围绕不同课程内容，我们会开展一系列的博物教育活动。每个专题根据不同年龄段的幼儿设定了不同的发展目标，既要实现各学习领域内容的相互渗透和融合，又要凸显博物教育特色，让幼儿自由、自主地发展。

二、幼儿园博物教育课程内容的专题活动

教师根据设定好的课程内容的框架及本班幼儿的兴趣和需要，结合本班的实际情况，开展了一系列具体的博物教育专题活动，如表3-1所示。

表3-1 幼儿园博物教育课程内容的专题活动

所选类别		探究内容	活动名称		
生命科学	动物	种类、外形特征、习性、生长过程、保护方法、生存环境、模型、标本、生活方式等。	龟的世界	我的动物朋友	虫虫总动员
	植物	种类、生存环境、生长过程、保护方法、特征、模型、标本、种植方法、艺术表现与创造、生活方式等。	叶子世界	植物王国	花花世界
	微生物	培育方法、生存环境、种类、繁殖方式、特征、用途、生活方式等。	好吃的蘑菇	制作酸奶	为什么生病
	人体	结构、功能、模型、体态、人体与艺术、保护方法等。	牙齿大街的新鲜事	我的小手	我自己
	生态与环境	多样性、保护方法等。	小小环保卫士	雾霾	雨
地球与空间科学	地球	特征、变化、结构、模型等。	不一样的球	地球怎么了	环游地球
	天文宇宙	种类、运动特征、星座、结构、模型等。	神奇的太空	行星	星座
	地质地貌	现象、形态、特征、作用、模型等。	地震来了怎么办	我们生活的地方	不一样的土
	岩石矿物	种类、分布、作用、属性、保护方法、收藏方法、保存方法、艺术创作等。	石头记	艺术作品里的岩石	矿物与生活
	古生物化石	价值、种类、保护方法等。	化石王国	保护化石	化石讲故事
物理科学	声、光、电、磁、力	现象、属性、规律等。	好听的声音	光与影	折射
工程与技术	交通	种类、运行方式、演变过程、模型等。	高铁	汽车	船
	通信	演变过程、种类、艺术创造、作用、模型等。	爱的通信	手机	信息的旅程
	日常生活工具	种类、用途、演变过程、养护方法等。	镜子的奥秘	筷子	好玩的绳子
	科技	与生活的关系、发展过程、作用等。	机器人	我的二维码	乐高大世界

续表

所选类别		探究内容	活动名称		
艺术文化	美术	工具、材料、颜色、作品、与生活的关系等。	水墨	有趣的剪纸	有趣的皮影
	音乐	作品、形式、用途、乐器、与生活的关系等。	美妙的音符	乐器	舞蹈
社会历史文化	传统节日	由来、种类、作用、形式、传承过程等。	端午节	春节	中秋节
	民俗	由来、属性、分类、价值、传承过程等。	风筝	花布加工厂	茶
	地域文化	环境、人文、种类等。	小脚丫走北京	百家姓	西游记
	其他	幼儿身边的人、事、物等。	瓶瓶罐罐	球类总动员	玩具博览会
主题式幼儿博物馆		国家海洋博物馆、自贡恐龙博物馆、中国皮影博物馆、北京汽车博物馆、北京新文化运动纪念馆、北京民俗博物馆、国家典籍博物馆等。			
世界博物馆日活动		2016-5-18：文明参观，你我同行 2017-5-18：博物，就在我身边 2018-5-18：博物教育，超级连接你和我 2019-5-18：博物，让传统点亮未来			

第四章 幼儿园博物教育课程实践

第一节 幼儿园博物教育课程的实施要素

幼儿园博物教育课程是一个系统工程，在建构上包含目标体系、内容体系、实践体系和评价体系。在探究幼儿园博物教育课程的过程中，我们可以采取过程模式、实践模式和批判模式等模式。幼儿园博物教育课程是一个多因素、多层次的整体系统。在实施过程中，虽然组织形式多样、活动场地多元，但无论什么形式，都无法回避课程主体、课程环境、课程资源三个基本要素。

一、幼儿园博物教育的课程主体

在幼儿园博物课程的实施过程中，我园坚持多元主体参与的原则，尊重幼儿、教师和家长在课程中的地位，充分发挥不同类型主体的主动性，鼓励参与者共同探索、生成和建构课程，使幼儿园博物教育课程更具生动性、实践性、适宜性。

（一）幼儿

幼儿是学前教育的主体。在幼儿园博物教育课程实施过程中，教师要注重幼儿学习的主体地位，遵循幼儿的发展规律，尽可能地满足幼儿的需求，支持幼儿在好奇和探索中走进博物世界。幼儿通过自己的感受、想象、探索、表达和创造来丰富幼儿园博物教育课程，与教师的引导、支持相得益彰，成为课程的生产者与建构者。

1. 幼儿的兴趣与需要是课程生成的源泉

不同的幼儿面对同一个事物会有不同的观察点和兴趣点，这是幼儿发展的个体差异。教师关注幼儿的兴趣，促进幼儿之间相互合作、共同学习，可以使课程发展更加多元、丰富，让课程建构更加贴近幼儿的真实生活，更具价值。

飘落的银杏叶

秋天到了，幼儿园里的银杏叶渐渐地变黄了。秋风阵阵，银杏叶随着秋风飘散在地上，深深地吸引着幼儿们。满地的落叶是金秋时节幼儿园最美的景致。刚刚入园的幼儿们更是喜不自禁。晨晨捡起几片树叶问我:"老师,为什么这些树叶都落了下来,像下雨了一样?"我说:"因为秋天到了,有些树叶要离开妈妈了。"晨晨又接着问:"树叶离开了妈妈,会想妈妈吗?会不会哭?妈妈会不会难过?"我说:"会啊!不过明年的春天,树上还会长出很多新的树叶,妈妈还会有很多新的树叶宝宝。"晨晨高兴地说:"太好了,妈妈不伤心,小树叶就不会伤心了。"他又捡起了几片树叶说:"小树叶,你不要伤心,我陪你玩会儿吧。"

在晨晨的带动下,幼儿们捡了很多树叶带回班。我们开展了一系列的探究活动。在"落叶跳舞"的活动完成之后,幼儿们就在美工区用银杏叶给妈妈做裙子,还做了各种颜色的拓印画。在做拓印画的时候,幼儿们对叶脉和叶子的轮廓很感兴趣,追问了我很多问题。于是我建议家长在周末带着幼儿去收集各种各样的落叶。我们继续在科学区观察叶子的形状、叶脉,幼儿们在观察中自发地进行对比和分类。

我们还做了一个小小的树叶展览。在这个过程中,幼儿们发现很多树叶落下来的时候是枯黄的,但也有很鲜艳的。银杏叶是金黄的,枫叶是火红的。我们一起制作了树叶颜料。同时我给幼儿们准备了树叶配对游戏——翻翻乐。幼儿们在游戏中认识了许多树叶,了解了树叶在不同季节的变化。在这个游戏中,幼儿们提出了新的设想。明年春天,他们要从银杏发芽的时候开始记录银杏叶的成长变化过程。我结合幼儿的兴趣,还开发了"树叶飞飞""小小树叶来追我"等系列游戏。

在活动过程中,幼儿们提出了各种各样的问题。我从幼儿们的兴趣出发,在好奇和追问中一次次搭建平台。幼儿们的兴趣与日俱增,探究也随之深入。

(作者/郭丽媛)

2. 幼儿的好奇与追问是课程不断拓展的线索

好奇心强是幼儿的天性。在日常生活与游戏中,幼儿会提出各种各样的问题。这些问题是既能够推动幼儿学习,又具有探究价值的线索。教师要尊重与保护幼儿的好奇心,珍视幼儿提出的问题,培养幼儿积极主动、认真专注的学习品质。

恐龙的灭绝

幼儿的科学精神体现在他们对世界万物的好奇好问上。在参观博物馆的时候,幼儿们会有许许多多的问题。例如,很多幼儿参观北京自然博物馆恐龙乐园后,对恐龙灭亡的原因猜想之一"火山爆发"充满兴趣。为了让幼儿们直观地观察与感受,我为幼儿们提供了小苏打、白醋等材料,带幼儿们开展实验。在实验过程中,幼儿们又产生了新的问题:"为什么小苏打和白醋在一起会冒出来，然后消失？"此外，幼儿们还对无色透明的气体产生了疑问。于是，我们又开展了"矿泉水瓶中投放小苏打"和"白醋吹气球"的实验，帮助幼儿们直观感知气体的产生与存在。幼儿们在此过程中又发现了吹大的气球颜色变浅的现象。

每名幼儿都有一双敏锐的眼睛，都有盛满为什么的童心。在幼儿们的不断追问中，我给予幼儿们支持，引领幼儿们一步步深入探究，让他们的能力得到发展。

(作者/常燕玲)

（二）教师

教师作为课程建构的主体，其自身理论水平、博物情怀、实践能力在支持幼儿发展方面发挥着关键的作用。教师自身努力融入课程建设的过程可以使幼儿园博物教育课程更加专业、丰富、生动。

1. 教师在阅读共同体中成长

幼儿园博物教育课程的建构属于跨学科的理论与实践探索，教师是开展课程的关键因素。在博物理论知识相对匮乏的情况下，幼儿教育与博物教育如何有机结合是教师急需解决的瓶颈问题。为了解决这一问题，教师需要阅读大量的文献，自发结成阅读共同体，通过相互推荐、彼此寻问、共同研讨等方式有针对性地学习博物领域相关知识，认识并理解博物馆、博物教育的内涵，为实践做充分的准备。

2. 教师在参观与分享中形成博物情怀

广泛参观博物馆有利于教师加深对博物的理解，形成博物情怀。在课程建构过程中，教师对参观博物馆有浓厚的兴趣。我园把北京的博物馆分成科学、历史、艺术、建筑等若干类。教师主动参观，在参观中感受博物馆的广博与珍贵、布局与展陈。教师还拟定了"我的博物馆足迹"记录表（详见附录4），记录参观的体验与感受，并自发地定期组织"我的博物之旅"分享会。教师逐渐形成这样一种习惯：每到一个地方旅行，都会去当地最具代表性的博物馆参观。博物馆的范畴从珍藏着稀世珍宝的各类博物馆，延展到美术馆、音乐厅、书店、北京各大高校的讲堂……回望教师们走过的道路，我们会不禁感慨，以上提到的场所何尝不是广义上的博物馆。一个空间只要储藏了美好，储藏了让我们充满希望的事物、人物，让我们的思维可以自由飞翔，让我们敢于思辨和争鸣，都可以叫作博物馆。

3. 教师在主动研究中提升实践能力

为了探讨幼儿园博物教育的内涵、原则以及适宜的内容与教育方式，我园运用项目教学法开展了诸多研究课，其基本流程如图4-1所示。

在每次单独开展研究课时，教师首先要根据研究小组的讨论，初步制定活动目标，确定活动内容；其次要带着这些初步的计划去观察幼儿；然后再返回研究小组，以集体备课的方式共同设计教学活动；最后呈现研究现场，体现前期三个环节的研究结果。在研究现场活动结束之后，研究小组及其他人员共同讨论本次研究课的优势、不足以及下一步的活动预想等，然后把所

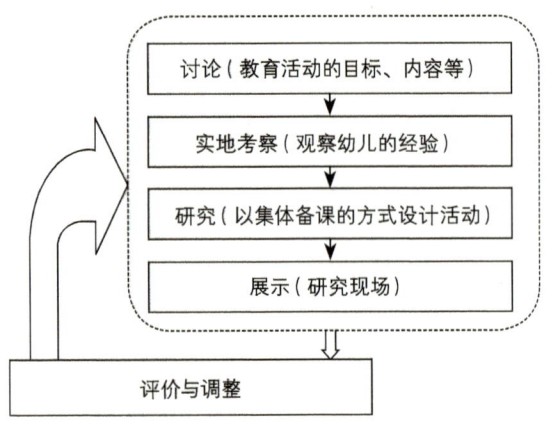

图4-1 幼儿园博物教育研究课流程图

有的讨论与调整建议体现在下次研究课中。下次的研究课还是遵循"讨论—实地考察—研究—展示"四个环节。在研究课的探索过程中，通过上述方式，我园研磨出具有一定代表性的集体教育活动，如小班的"树妈妈找宝宝"、中班的"青花瓷"、大班的"我们的北京"等活动。

4. 教师通过仔细观察与有效支持来共建课程

教师是幼儿学习活动的支持者、合作者、引导者。在幼儿园博物教育课程的实施过程中，教师应该通过仔细观察为幼儿提供有效的支持，使幼儿在探究、欣赏、表达的过程中提高博物意识，培养博雅情趣，形成博爱情怀。

玉兰花的故事

在美丽的春天，幼儿园的角落发生了玉兰花的故事。玉兰树在清风中摇曳。混龄班的孩子们在树下玩耍。散落的花瓣引起了小班组幼儿的兴趣，没有人注意到小姑娘们捡了那么多的玉兰花。小姑娘们把玉兰花带回了班级。过了一段时间后，她们发现粉色的花瓣不仅蔫了，而且变成棕色的了。她们看着花瓣既怜惜又失望。为了帮助小姑娘们解决这个问题，其他幼儿和中、大班的哥哥姐姐一起想了许多办法。有的把花瓣泡在水里；有的把花瓣放在空瓶里，盖上盖；有的给花瓣涂颜色……"哪种方法最管用呢？"我指导幼儿们通过观察，记录每天花瓣的变化。

还有幼儿在玉兰树下快乐地数着捡来的花瓣。我即兴组织了"花瓣排排队"的游戏。幼儿们通过找一找、摸一摸、比一比、排一排、粘一粘、画一画、讲一讲等活动，感受了大和小，体验了排序。我引导幼儿们与哥哥姐姐分享成功的喜悦。春天的大自然就是我们的教室，散落的玉兰花就是我们的教具。

"花瓣是粉色的吗？""玉兰花到底是什么样的？""花心上都有什么？"为了弄清这些问题，幼儿们拿来色板和嵌图板仔细比对，找寻答案。在幼儿们有了丰富的感性经验后，我通过提问题让幼儿们将获得的感性经验与原有的知识技能产生联系。幼儿们还尝试画玉兰花。当一幅幅画卷展开时，幼儿们借助已有的构图、造型、设色等技能方法创造性地表现自己对玉兰花的感知。

图4-2　幼儿们在玉兰树下观察玉兰花

幼儿是主动的学习者，教师不能仅仅将知识传授给他们。幼儿必须通过自身的活动来探索与建构知识。我在主动为幼儿们创设丰富的环境后，仔细观察幼儿们的发展与需要，然后运用适宜的教育方法，使幼儿们专注于一个个生动有趣的活动，乐此不疲。

（作者/张琳）

（三）家长

家长是幼儿园博物教育课程不可或缺的要素。在幼儿园博物教育课程建构过程中，我园注重家庭在幼儿成长中的重要意义，主动引导家长成为园所的合作伙伴，使学校教育、家庭教育、社会教育三大教育体系自然融合，共同促进幼儿的发展。

1. 家长积极支持幼儿园博物教育课程在家庭的延续

幼儿的思维以具体形象为主，学习以直接经验为基础，这样的发展特点与学习特点决定了日常生活、游戏在幼儿的学习中具有独特的价值。家庭作为幼儿主要的生活空间，理所当然应成为重要的教育场所。幼儿园与家长在教育理念上的契合以及幼儿园在教育方法上的引导是家庭教育开展的重要前提。

家长也是幼儿教育的实践者。在我园博物教育课程实施过程中，家长积极捕捉教育契机，大力支持幼儿探究，使幼儿的探究得以延续，让我园博物教育课程有了更广阔的空间。

我家的变形金刚博物馆

儿童节那天，幼儿园组织了参观北京汽车博物馆的亲子活动。各式各样的汽车给痴爱汽车的儿子家家带来了很大的震撼。那天，他在北京汽车博物馆一直很兴奋。回家后，看着自己的变形金刚，家家说："我也想建一个博物馆。"那一刻我好兴奋，因为这不就是我们孜孜追求的博物精神吗！我追问："什么博物馆呢？"家家说："霸天虎博物馆。"我继续问："博物馆里有什么呢？"家家说："有书、动画片、玩具。"我满口答应："好啊！咱们现在就做！"家家正沉浸于自己的想象中，又说："明天吧，今天我还没准备好呢！"这么大岁数了，我许久不期盼明天了，今天是如此期盼。

第二天一早，我追问家家要将自己的霸天虎博物馆建在哪里。家家相中了离电视很近的茶几。是不是因为这与他建的博物馆中有动画片的需求相关呢？我没有追问出来。待家家选中之后，我立刻带着他收拾、打扫、擦拭，为我们的霸天虎博物馆做准备。家家先去取了画笔、纸，放在左侧凹槽里；然后取了关于霸天虎的书，放在右侧凹槽里；最后，也是最重要的，把所有的小汽车分成两类——好的和坏的分开摆放，在博物馆里用是否放置于纸盒上加以区分。时不时地，家家还会拉着我的手给我讲解他博物馆里的玩具，就像昨天在北京汽车博物馆讲解员阿姨拉着他的手亲切地讲解一样。最后，我提到博物馆门口都写着名字，鼓励家家也写一个。家家写了两三行"天书"。我问他写的是什么，他一一对应地指着读："霸天虎博物馆，刘思芃（家家的大名，正式场合应该用大名）！"是该写上自己的名字，家家集设计、布置和讲解于一身呢！

（作者/2017年我园毕业生刘思芃妈妈）

2. 家长陪伴幼儿积极参与社会博物馆提供的多元学习

典藏、研究、教育是社会博物馆的三大功能。随着社会的发展，博物馆的教育功能越来越被人们关注。社会博物馆开发出了科学摄影、科普讲座、科学实验、表演等多种形式的科普教育活动。

家长在陪伴幼儿参观博物馆的过程中，与博物馆的关系也越来越紧密，从最初的参观者逐渐走向志愿者、讲解员等，在博物的世界中徜徉。我们在持续追踪中发现，已从幼儿园毕业的多名幼儿依然保持着对博物馆的浓厚兴趣，在北京自然博物馆、中国科学技术馆等博物馆担任讲解员或深入学习博物课程。家长的支持丰富了幼儿园博物教育课程的形式与内容。

3. 家长与幼儿共同开展家庭收藏

在幼儿园博物教育课程的开展过程中，家长利用节假日带领幼儿参观博物馆已然成为习惯。入园三年，平均每名幼儿累计参观博物馆50余次。在学习过程中，幼儿培养了收藏的情趣。

家长积极支持幼儿在家庭建立属于自己的博物馆。在博物教育分享会上，家长图文并茂地呈现了幼儿在家庭建立的"公主博物馆""玩具汽车博物馆""我的绘画作品博物馆"等，还有"我参观的博物馆的门票""我的乐高小镇"等。幼儿们将生活中的点滴进行收藏和展示，让幼儿园博物教育课程既生动又富有情趣。

一直在路上的"扑克牌博物馆"

在带儿子去各种博物馆参观的过程中，我们对博物馆的认识越来越广。从最初的博物馆，到后来的科技馆、美术馆、音乐厅、高校以及北京的名胜，无论走到哪里，儿子总会发现卖纪念品的商店里有扑克牌。于是，挑选一套扑克牌成了我们参观的固定流程之一。一段时间后，我们积累了各种各样的扑克牌——高校标志的、中国园林的、世界建筑的、世界高塔的、世界之最的、城市地标的、唐诗宋词的，等等。这些扑克牌大都产自中国扑克牌博物馆。时间久了，儿子就能渐渐区分哪些是纪念性质的扑克牌，哪些是游戏性质的扑克牌了。在不断的互动过程中，儿子只欣赏纪念性质的扑克牌，渐渐理解什么是收藏、什么是欣赏。

（作者/2017年我园毕业生刘思芃妈妈）

4. 家长主动成为幼儿园博物教育课程的建构者

家长们结合自身的专业背景，积极投入幼儿园博物教育课程建构的过程中。例如，有的家长有生物学背景，来园通过专题讲座生动形象地给幼儿们介绍他们特别喜欢的恐龙；有的家长有演讲方面的专长，来园参与小小讲解员的引导与培养活动；还有的家长在绘画艺术方面特别突出，一起与幼儿们创设主题式博物馆的环境，共同为深入学习做好准备。

二、幼儿园博物教育的课程环境

幼儿园博物教育的课程环境指的是与博物教育相关的幼儿园环境。这样的环境按照构成物分类，可以分为精神环境与物质环境。

（一）幼儿园博物教育课程精神环境的创设

幼儿园博物教育课程精神环境是指幼儿园在开展博物教育过程中，为幼儿营造的、符合身心发展的、温馨的氛围。较之于物质环境，精神环境更加无形，也更加重要。精神环境的创设主要包含幼儿园人际关系和幼儿园精神文化氛围两个方面。幼儿园人际关系对幼儿的影响最为直接，这种人际关系按照与幼儿的亲密程度依次为师幼关系、同伴关系、家园关系、干群关系、同事关系。幼儿园精神文化氛围主要包括幼儿园的办园理念、管理风格、师幼精神面貌、团队建设等，这种文化氛围的营造与幼儿园博物教育课程建设相辅相成。园所文化决定了课程建设的方向；课程建设可以丰富园所文化的内涵，贯彻落实园所文化。幼儿园人际关系与幼儿园精神文化氛围看似无形，实则非常重要，需要贯穿在课程构想、课程设计、课程实施、课程评价与课程反馈的全过程中。全过程体现了幼儿园博物教育课程中提出的关于博爱、开放、共享等独特的精神品格。

1. 博爱

"博爱情怀"是幼儿园博物教育课程的三大目标之一，也是最难实现的目标，需要博物意识与博雅情趣的积淀，需要幼儿园精神环境的涵养。为了达成这一目标，我园积极营造"博爱"的精神环境——教师不分彼此，对全园幼儿都保持温和与关爱的态度；全体师幼从点点滴滴做起，关爱生命，爱护幼儿园的一草一木，珍惜班级的玩具与文具，取用有度。

2. 开放

幼儿园博物教育课程的另一个重要特征是开放，这一精神贯穿在办园思想、文化建设、园所管理、课程建设等方方面面。以开放的胸怀办教育，才能使教育达到"问渠那得清如许？为有源头活水来"的境界。

3. 共享

共享是幼儿园博物教育课程建构过程中鲜明的特征。教师之间共享阅读体验、参观体会、研究结果，最终实现专业上的共同成长；幼儿之间共享环境、资源、经验，共同发展；博物馆与幼儿园之间、幼儿园与社区之间、幼儿园与家庭之间都在积极共享人力、物力资源，共同创设内涵丰富的课程。

（二）幼儿园博物教育课程物质环境的创设

幼儿园博物教育物质环境在这里是指对于幼儿园开展博物教育实践产生影响的一切天然环境和人工环境的总和，从空间上可以分为班级环境、楼道环境、公共环境、户外环境。幼儿园博物教育物质环境的创设应达到两方面的要求：第一，创设的环境具有幼儿园博物教育的功能，即可以直接给幼儿园提供开展博物教育的物质条件；第二，环境创设服务于幼儿园博物教育课程的功能，即通过为幼儿园博物教育课程的顺利开展提供丰富的情境与材料。

1. 幼儿园博物教育课程物质环境创设的原则

幼儿园博物教育课程物质环境创设，首先要遵守幼儿园物质环境创设的基本原则，如安全性、整体性、适宜性、教育性、动态性、互动性等；其次要遵守幼儿园博物教育课程的原则，即广博性。具体来说，在博物的环境中，幼儿园博物教育课程物质环境创设要体现多、美、变、精等特点；在材料上体现广度与深度；在呈现方式上具有审美情趣，并与幼儿的学习过程相辅相成。

基于上述原则创设的幼儿园博物教育课程物质环境要有"幼儿园就是一座博物馆"和"一日生活皆博物"的意蕴，让博物文化洋溢在幼儿园的每个角落，深入师幼的心灵。在具体的每处环境中，教师可以借助广博、精致、优美的环境激发幼儿兴趣，引发幼儿学习动机，使幼儿从收集、观察、比较、分类等具体的行为中体验过程，提高能力，培养雅趣，从而培养珍惜、爱护、分享的博爱情怀。

2. 幼儿园博物教育课程物质环境创设的实践

我园在探究幼儿园博物教育课程物质环境创设的过程中，依据空间位置，把物质环境创设分为四个部分：班级中的博物环境创设、楼道中的博物环境创设、公共区域中的博物环境创设、户外博物环境创设。

（1）班级中的博物环境创设

在班级中的博物环境创设过程中，我园秉持"分类清晰，材料丰富"的理念选择和投放材料，保证每个年龄班既有丰富的材料，又有不同侧重点。小班重在教师为幼儿分类呈现多种感官的材料，让幼儿在动手操作中丰富感官体验，促进发展。中班材料的广博与幼儿的主动发现紧密结合。教师引导幼儿主动发现日常材料的价值，积极收集并将其变成班级活动的材料。很多幼儿有收藏的爱好，有的收藏扑克牌，有的收藏变形金刚，还有的收藏自己的小衣服……从小有雅趣陪伴的幼儿知识更丰富，内心更温暖。大班注重幼儿对丰富材料的整理与展示，让幼儿在自主收藏的基础上自主创设环境，归纳材料，发展幼儿整理归类、空间审美的能力。毕业情怀浓郁的大班幼儿自发地在班级创设"我的幼儿园生活""我的童年"等主题的博物展览。这种博雅情趣的延伸恰是博爱情怀的体现。

（2）楼道中的博物环境创设

楼道是同龄班幼儿分享体验的舞台，也是同龄班幼儿共同开展博物教育的基地。在这里，幼儿们从兴趣出发，共同讨论，广泛收集，观察分类，不断互动，汇聚了博物体验与博物智慧。多年来，我园开展过多个主题探究活动——中班的"我们一起来运动"主题探究活动、大班的"玩具博览会"主题探究活动、混龄班的"小脚丫走北京"主题探究活动。这些都给幼儿们留下了美好的回忆。

（3）公共区域中的博物环境创设

公共区域的环境是全园共享的，所有的幼儿都可以在其中受益。因此，我园十分重视公共区域中的博物环境创设，从小点切入，用丰富的材料给幼儿呈现这一领域的全貌。广阔的互动空间与丰富的互动材料对幼儿发展极具价值，让幼儿徜徉其中并有所收获，展示了幼儿发展的层次性；激发了教师的教育思考，通过一个个区域在教师内心建立了五大领域的发展目标。每位教师心中都有一张纵横交错的幼儿发展网络图，这为教师把握幼儿的发展特点与促进幼儿个性发展提供了可能。近些年来，

图4-3 皮影博物馆活动开展过程中创设的楼道墙面

教师利用这样的方式,给幼儿创设了"绘本博物馆""科学体验厅""水墨创作馆"等不同领域的区域博物馆。

在区域建设的基础上,教师积极创设条件,在园内为幼儿建构了自己的博物馆。作为本园博物精神的领地,幼儿的博物馆带领他们创设了海洋、恐龙、汽车等不同主题的主题式博物馆。在这里,教师以丰富的展览震撼了幼儿的心灵。这种无声、无形的互动是幼儿发展的泉源,让幼儿持久的探索、深入的研究成为可能。在这里,幼儿是博物馆的主人,他们自主收藏、整理、展示、分享,把自己收藏的雅趣引向生活的方方面面。通过林林总总的收藏,教师可以感受到幼儿对世界的热爱。幼儿积极探究,不断追问,把自己关于万物的追问引向家庭,引向大自然,引向社会上的各类博物馆。

(4)户外环境中的博物环境创设

户外环境是幼儿园环境的重要组成部分,以自然、生态方面的优势为幼儿园博物教育课程提供了观察、探究、体验的平台,使幼儿园博物教育课程充满生机。在户外环境的创设上,我园主要采取了以下两项措施:物必有名——从幼儿园博物教育课程建设之初,教师就带领幼儿们开展了"为园内所有植物命名"的活动,让幼儿对这些植物有最基本的认识;资源利用——户外的每种植物(如树、花、草)和每种动物(如蚂蚁、蜗牛、金鱼、蝴蝶)都可以成为教育资源,教师可以带领幼儿开展幼儿园博物教育课程实践。在课程建构过程中,我园形成了"飘落的银杏""小蜗牛""玉兰花开""秋天的枫叶"等一系列的博物课程案例,使幼儿更具博物意识、博雅情趣、博爱情怀。

图4-4 我园"幼儿博物馆"展出的北京自然博物馆展品

三、幼儿园博物教育的课程资源

资源是幼儿园博物教育课程建构的重要保障。从广义上说,前面提到的主体与环境是幼儿园博物教育课程建构的资源。这部分介绍的是幼儿园博物教育课程建构的保障性资源,包含以下几个方面:专家资源、信息资源、博物馆资源、社区资源。

(一)专家资源

专家资源是幼儿园博物教育课程建设中重要的人力资源。在建构过程中,我园广泛邀请了博物领域、学前教育领域、课程领域等领域的专家加入其中,在教师培养、课程建构、研究实践、实体建设等方面给予我们引导。

令人欣喜的是,家长队伍里涌现出了一批或具有本体知识领域背景、或具有教育热忱的专家。他们通过开展家长讲座、家长课堂、亲子活动、家庭博物馆建设讲座等方式参与到了我园博物教育课程建设过程中。

(二)信息资源

为保障建构效果,我园资料室为教师准备了大量的文献资源(大致包含博物学、教育学、心理学等类别的图书几百册),订阅了《博物》《自然》《中国国家地理》等国内外相关博物研究方面的权威期刊,以供教师研究文献,厘清思路,开阔视野。

另外，资料室还选购了关于恐龙、海洋、汽车、运动、饮食、景观等专题的多套专题片光盘，以提高教师对博物的认识水平，丰富教师的通识知识。

我园还通过喜马拉雅听书、微信公众号关注国内外各类型博物馆的最新动态，以最前沿的研究丰富幼儿园博物教育课程建构内容。

（三）博物馆资源

在幼儿园博物教育课程的建构过程中，我园不但邀请博物领域的专家给予指导，而且借助博物馆丰富的物质资源开展实践研究。例如，在主题式博物馆的建构中，北京自然博物馆在物质上给予了我园大力支持，将该馆多个国家一级保护动物标本在我园展出陈列，为开展学习探究活动提供了很大便利。

（四）社区资源

在建构课程时，我园积极与社区互动，充分利用社区资源丰富课程的形式与内容。菜市场、警察局、医院、公园等都留下了我园师幼的足迹，成为课程实施的场所。在每年的"5·18"世界博物馆日，教师主动走进社区、公园，积极向居民宣传博物教育与博物资源，吸引更多的家庭走进博物馆，帮助居民在感受人类文明的同时提高自身素养。

第二节 幼儿园博物教育课程实践的组织形式

在幼儿园博物教育课程实践过程中，我园通过运用大量的实践经验形成了丰富的组织形式。其中既包括学前教育常见的组织形式，又包括基于课程特色的特有组织形式。多样化的组织形式有利于践行我园博物教育课程的目标，同时也关注到了我园博物教育课程中多方共建的需求。我园通过多样的组织形式连接不同主体，更加灵活、更加广泛地展开幼儿园博物教育。

具体来说，我园常用的组织形式有以下三个：主题活动、建构主题式幼儿博物馆以及世界博物馆日特色活动。其中主题活动形式更贴近常态的幼儿园一日生活，包括集体活动、区域活动、户外活动、生活活动、社会实践、家园共育等组织形式。此外，作为我园课程特色的组织形式，建构主题式幼儿博物馆和世界博物馆日特色活动在具体实践中也会根据各自内容的特点，展现多样化的组织形式。随着实践经验的不断积累，我园博物教育课程实践的组织形式也会随之进一步地丰富。

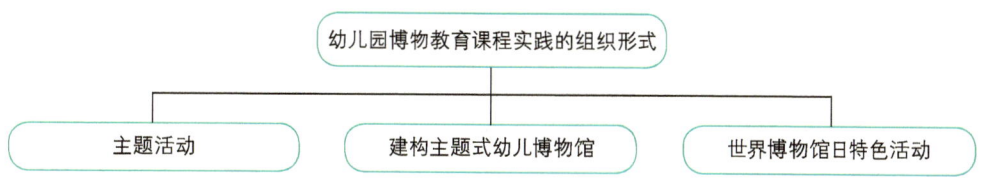

图4-5　幼儿园博物教育课程实践的组织形式的框架

一、主题活动

主题活动是幼儿园开展教育教学常用的组织形式，也是我园开展博物教育课程的重要组织形式。在幼儿园博物教育课程中占主要比例的专题课程部分基本以主题活动的形式开展。在开展某一主题活动的过程中，我园通过集体活动、区域活动、户外活动、生活活动、社会实践、家园共育的组织形式进行博物教育。

（一）集体活动

在班级或者平行班开展的博物教育活动中，许多幼儿聚焦的博物生发点有相似性，因此集体活动作为幼儿园常用的教育活动组织形式具有很高的操作适用价值。

有趣的纸

大班开展了"有趣的纸"主题活动。这个专题属于物理科学的范畴，旨在引导幼儿运用观察和对比的方法探究纸的属性特征、多样类别和发展历史。

在整个主题活动中，我通过集体活动组织开展了几个关于纸的关键属性的实验探究，如"纸的力量大比拼""神奇的纸睡莲"等，发挥了集体活动的组织优势。幼儿们在各自实验中互相观察、对比分析，最终归纳了纸的共性。在这个集体活动中，幼儿们通过合作与交流、对比与分析，更加自主地操作和验证，初步形成了对事物的探究能力。

（作者/秦雪）

（二）区域活动

区域活动具有更灵活的组织形式，可以很好地丰富幼儿探索的形式。

小乌龟

小班幼儿们近期对班里的小乌龟非常感兴趣，会自发地围着小乌龟观察它的动作，也会拉着我问很多关于小乌龟的问题。我抓住这个契机，在区域活动中创设了博物环境：在益智区针对不同类型的小乌龟设置找不同游戏，在自然角展陈小乌龟标本，在美工区利用不同材料手工制作小乌龟生活的家（环境），在娃娃家给小乌龟准备它喜欢的饭等。在开放、自由的区域，幼儿们能够更自主自由地结合自己的兴趣进行探索和游戏。这既吻合小班幼儿的学习特点，又体现出博物教育活动本身广泛又深入的特征。

（作者/秦雪）

（三）户外活动

这里的户外活动与社会实践不同，仅指在园内的户外活动。教师通过户外活动可以引导幼儿深入观察户外的动植物等，让幼儿亲近大自然。

春天里的植物

春天来了，小鹿班（混龄班）的幼儿们来到户外，发现操场上的许多植物有了变化：玉兰树发芽了，海棠花撒了一地，银杏树长出了绿扇子，郁金香要开花了……他们热烈地讨论着自己的发现，在我的引导下搬出桌子，拿起画笔记下不同的树与花的形态，互相对比手中海棠花的花瓣颜色与片数。在这个过程中，因地制宜的取材使幼儿们有了在生活中发现乐趣的慧眼。

（作者/秦雪）

图4-6 幼儿们聚在一起点数海棠花的花瓣

图4-7 利用户外花园的空地，幼儿们移栽苦瓜和圆白菜

（四）生活活动

一日生活皆博物，幼儿园一日生活中生活活动环节是非常重要的部分。吃与喝、玩与睡等生活活动蕴含着大量适合幼儿关注与探索的博物生发点。

生活中的颜色

小班幼儿们很喜欢颜色。他们在玩的过程中通过观察发现其实颜色不仅存在于美工区的颜料瓶，我们生活的每一处都有颜色的点缀。抓住颜色的教育契机，我们开展了"生活中的颜色"主题活动。在观察和游戏中，我引导幼儿们发现生活中的颜色和颜色的不同作用。

结合当前一些幼儿挑食的情况，我巧妙地将蔬菜的颜色纳入活动中。在每天进餐和吃午点时，通过保育员的观察引导和环境氛围的浸润，幼儿们发现每天吃的食物的颜色也有很多有趣的故事，它们本身是那么丰富和美丽。带着兴趣和好奇，幼儿们也更加接受和喜欢不同颜色的蔬菜了，还经常在聊天时比一比今天吃了几种颜色的蔬菜。

（作者/秦雪）

（五）社会实践

在园外的大千世界中，博物话题非常丰富。通过社会实践我们可以关注到更丰富的社会生活，在参与探索中补充园内生活缺乏的内容。在社会实践中，社区是非常重要的主体。我们在充分挖掘社区博物资源开展社会实践的同时，也将博物教育的价值向社区辐射。

此外，博物馆也是社会实践中的一个重要主体。一方面我们积极地开展博物馆参观活动，博物馆之旅已经成为我园幼儿、教师、家长共同参与的、具有代表性的社会实践活动。在社会实践中，师幼、亲子各自做好参观计划，感受博物馆的实体展陈和场馆，有目的性地参观能够更有效地促进幼儿、家长认同博物馆的价值，同时也能使教师提高博物素养，丰富博物学科知识。

爱心义卖

快要成为小学生了，大班幼儿们在日常交流中发现每个人都有很多现在不常玩的玩具和不常用的用品。我们可不可以把这些东西卖给有需要的弟弟妹妹，然后把得到的钱捐献给更多偏远地区的小朋友呢？幼儿们达成了共识，于是在家长、教师的协助下开始收集自己生活中闲置的玩具和用品。观察大家带来的物品，幼儿在激烈的讨论中形成了不同的分类维度和摆放方式。为了更好地让弟弟妹妹感受到小玩具的功能并好好爱护它们，幼儿们开始构思如何介绍这个玩具：它的历史，它的功能，还有最重要的就是自己对它的感情。

周边的很多家庭都来参与社区义卖。在交流中，幼儿们将"珍爱自己的物品，分享自己的情感"这种博爱情怀传递给更多的人。

（作者/秦雪）

图4-8 幼儿在社区将分类收集的闲置玩具进行义卖

（六）家园共育

家园共育在博物教育中具有独特价值。大量既深入又广博的教育活动不仅需要教师引导幼儿在园开展，而且需要家庭辅助幼儿共同进行。家园共育的形式广泛存在于幼儿园博物教育课程实践中，因为博物教育多方共建对家园形成统一的博物教育战线有一定的要求。借助幼儿园博物教育课程实践，家园共育的有效性也得到了提高。

家长进课堂

小熊班的一名幼儿的妈妈是大学西班牙语言文化老师，平时工作挺忙，与幼儿园沟通并不频繁。这名幼儿总和教师说妈妈不爱和他玩，总说她自己感兴趣的话。一次偶然的国家地理博物讲座后，这名幼儿的妈妈留下来主动和教师聊起了西班牙的风土人情，像打开了话匣子。她以往觉得国外的文化有很多有趣的话题和很高的分享价值，可没有机会在亲子沟通或家庭教育中发挥自己的优势。通过交流，我们让家长理解自己的工作经验和阅读积累都是开展博物教育的资源。在"国家"博物主题活动中，我们邀请了这名幼儿的妈妈。前期我们通过多次讨论，融合了她的学科本体优势和幼儿的学习方式与认知水平，形成了一次既能开阔视野又极有乐趣的"家长进课堂"活动——西班牙文字与汉字的碰碰乐。在活动中，幼儿们通过关注文字，了解了很多西班牙经典的民俗；通过"碰碰乐找不同"等互动，在观察、对

图4-9 家长积极参与幼儿园组织的博物馆专家讲座

比、总结中感受我国汉字的特征与博大。活动后，幼儿们意犹未尽，这名幼儿的妈妈也很激动。

（作者/秦雪）

二、建构主题式幼儿博物馆

建构主题式幼儿博物馆是幼儿园博物教育课程实践中一种特有又重要的组织形式。这种形式充分凸显了博物馆在博物教育中的价值，通过收集、布展、分享等实践活动，促进幼儿形成博物意识、博雅情趣、博爱情怀。

建构主题式幼儿博物馆的实践形式也非常丰富。在建构的不同阶段，我们会用到集体活动、区域活动、户外活动、生活活动、社会实践和家园共育等组织形式。

建构恐龙博物馆

建构主题式幼儿博物馆需主题先行。在与幼儿们讨论后，我们确定了建构恐龙博物馆，根据专家的建议以及幼儿的身心发展水平对展馆进行布置与展陈，基于幼儿的认知、学习特点把儿童观和博物馆元素进行了有效整合。在整合过程中，我们综合了幼儿学习方式、环境因素、主题特征等，与幼儿们一起创设。我们采用平面设计、立面造型、整个建筑内部空间"流线型"布置的方式，将建筑的核心大厅和中庭作为参观陈列的枢纽，主要围绕情境体验区、认知区、操作区、角色体验区四个区来布置博物馆展厅。

其中最后一个环节保存与整理也是博物馆重要的功能之一。每期主题式幼儿博物馆开放后，我们会把博物馆内的藏品进行保存与整理。在整理过程中，幼儿、教师、家长形成了分类整理和做标签等好习惯，也增强了博物意识。

（作者/秦雪）

三、世界博物馆日特色活动

世界博物馆日特色活动是我园博物教育课程实践中重要的特色形式。每年在"5·18"世界博物馆日的前后一个月，我园都会开展丰富的博物宣教、博物馆参观等活动，面向幼儿、家长、社会开展特色日宣教活动。这一活动一方面可以提升大众对世界博物馆日和博物馆教育的认识水平，另一方面作为我园博物教育课程的重要部分，在实践中也丰富了课程内涵，进一步推广了课程价值。

世界博物馆日特色活动

5月18日是世界博物馆日。每年在幼儿园博物节期间，我们都会有不同侧重点的宣教主题。

例如，2016年某学校的学生在参观博物馆中的不文明行为引发了热议。我园博物节宣教主题是"文明参观，你我同行"。幼儿们绘制了各种不同的文明参观宣传画，通过制作宣传卡、宣传扇子等形式面向社区宣传文明。我们还制作了由幼儿担当主角、教师负责拍摄的文明参观宣传片，在北京自然博物馆、周边社区早教现场、家长开放日现场、博物讲座现场等不同公众场所播放。身边的小演员、热点的话题引发了大家的关注和共鸣。

我们通过家长讲座、社区博物亲子游戏、家长进课堂讲博物故事等不同形式在园内园外开展活动。现在我园的家长们周末带幼儿走入博物馆已成常态，许多家庭会辟一角供亲子收藏使用，社区工作人员每年三四月就开始咨询幼儿园今年社区博物节有什么活动……

（作者/秦雪）

图4-10　我园邀请博物馆专家为幼儿和家长进行讲座

图4-11 走入社会面向成人与幼儿开展不同形式的宣教活动

第三节 博物教学活动设计

> 博物活动名称：生命科学——植物王国（混龄班）

一、博物活动由来

春天万物复苏，幼儿惊喜地发现幼儿园里的植物冒出了嫩绿的小芽。这些是什么植物呢？它们长大后会变成什么样呢？幼儿的好奇和追问也随着这些植物一起萌芽。就这样，教师带着幼儿的问题开展了此次"植物王国"博物活动，同幼儿一起感受生命的变化与发展，体会植物的多样性以及植物与人类的关系，以增强幼儿的博物意识，培养幼儿热爱生命、珍视自然的博爱情怀。

在活动开展过程中，教师从幼儿的追问出发，选取认识身边植物、观察植物结构、对植物进行简单分类、种植植物等贴近幼儿生活的内容，在幼儿感兴趣的基础上，解决幼儿提出的问题，

图4-12 快看，大树发芽啦！

帮助幼儿了解植物基本的生长过程、结构、功能，充分发挥幼儿的主体性，调动幼儿的兴趣与积极性，使每名幼儿都开心地参与到活动中来，积极进行感受、观察、表达、探究、创造。

二、博物活动总目标

①乐于接触植物，欣赏身边植物的美。
②能够主动去认识植物，培养观察、分类、测量等能力。
③在初步了解和探索植物的基础上，了解植物的生长过程、结构、功能。

三、博物活动网络图

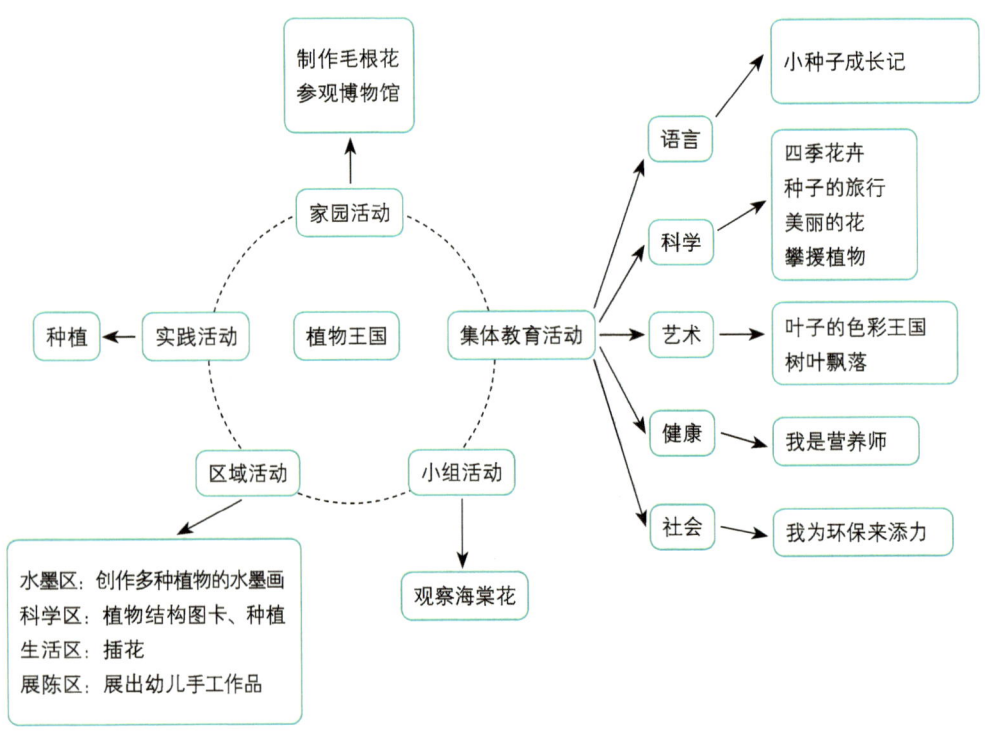

图4-13　植物王国博物活动网络图

四、系列博物活动

（一）集体教育活动一

活动名称：种子的旅行

活动由来

春天是杨絮、柳絮、蒲公英飘飞的季节，也是冷了一冬的幼儿走向大自然的季节。飘飞的植物是幼儿的话题，引发了幼儿的各种追问。针对大多数幼儿关注的话题，教师设计了本次活动，让幼儿在感受与思考中体会种子传播方式的多样性。

活动目标

①善于观察，对种子的传播方式感兴趣。

②初步了解种子传播的不同方式，感受种子传播方式的多样性。

③能根据种子的特征判断种子的传播方式。

活动准备

经验准备：幼儿见过蒲公英种子，对种子的传播方式感兴趣。

物质准备：种子传播途径课件、相关视频、蒲公英挂图、不同种子的图片。

活动重、难点

重点：了解种子传播的不同方式。

难点：通过了解种子的特征，判断种子的传播方式。

活动过程

1. 导入

教师引出话题，激发幼儿对种子传播的不同方式的兴趣。

①提出问题："最近这几天天气很好，没有雾霾，可老师发现有些小朋友来幼儿园的时候还是戴着口罩，这是为什么呢？"

②请个别幼儿回答。幼儿回答后出示柳絮。

③解释柳絮纷飞是柳树的种子在利用风力进行传播。柳树的种子用这种方式可以飘到很远的地方，获得更多的阳光、水分，争取更大的生存空间。

④引导幼儿观察柳絮的结构特征："小朋友们，你们来看一看、摸一摸，观察一下柳絮是什么样的。"（轻飘飘的，很软，一吹就飞了）

2. 基本过程

（1）出示蒲公英挂图

①请幼儿看一看照片中的种子，结合自身经验想一想这些种子是怎样传播的。

②请幼儿发言。

（2）播放米卡看世界之《种子的旅行》

①通过提问，引导幼儿观察种子的特征。

②播放视频。

③与幼儿一起分析概括：之所以每种种子都有自己不同的"旅行"方式，是因为它们的"旅行"本领不同。

（3）总结种子的特征与传播方式的关系

引导幼儿一起总结概括出结论：特别轻，有小绒毛的→风力传播；有小勾儿的→动物传播；依靠自身力量的，荚状类→弹射传播；轻的，离水源近的→水力传播。

（4）检验巩固幼儿对种子的特征决定传播方式的认识

①出示其他种子图片（鬼针草、凤仙花、柳絮、大枫树），讲解连线卡的使用方法，请幼儿完成连线卡。

②利用Authorware课件拖拽功能，请个别幼儿进行种子与传播方式匹配游戏，帮助幼儿加深对种子传播方式的认识。

3. 活动结束

图4-14　蒲公英靠风传播

教师总结：我们即使不认识这种种子，也能通过观察它的结构特征，猜测种子是怎样"旅行"的。大自然赋予每种种子独特的本领。依靠这种本领，种子们可以"旅行"到更远的地方，在更远的地方"安家"。让我们一起和种子去旅行吧！

（二）集体教育活动二

活动名称： 攀援植物

活动由来

随着天气变暖，幼儿园围墙上的爬山虎郁郁葱葱，吸引了很多幼儿的注意。幼儿常常在户外活动时或离园时进行观察，也会提到相似的植物，如牵牛花。因此，教师设计了此活动，让幼儿在观察中发现各种攀援植物的相同点与不同点，感受同类植物的多样性，欣赏大自然的千姿百态。

活动目标

①对身边的攀援植物感兴趣，乐于观察，尝试对比与总结。

②认识几种攀援植物，了解它们的特征。

活动准备

经验准备：幼儿见过爬山虎、牵牛花等攀援植物。

物质准备：几种攀援植物的图片、爬山虎。

活动重、难点

重点：认识常见的攀援植物，观察了解它们的相同点与不同点。

难点：总结攀援植物的共同特征。

活动过程

1. 导入

组织幼儿观察幼儿园外墙的爬山虎。

2. 基本过程

（1）带领幼儿到户外观察爬山虎，发现它的生长秘密

师：爬山虎的茎是什么样的呢？它的茎和谁缠绕在一起呢？是怎样缠绕的呢？

（2）引导幼儿观看攀援植物的图片，了解其他几种攀援植物，知道攀援植物的特征

师：你在哪里见过爬山虎呢？它是怎样生长的？它紧贴在什么地方？

（3）总结攀援植物的共同特征

观察完牵牛花、爬山虎、葡萄等植物后，请幼儿尝试总结攀援植物的共同点。

师：如果离开了攀援物体，它们还能向上生长吗？

（4）拓展认知

师：你还知道哪些攀援植物？它们的攀援方式一样吗？

3. 活动延伸

请家长带领幼儿观察攀援植物的攀援方式。

（三）集体教育活动三

活动名称： 叶子的色彩王国

活动由来

在混龄班的博物活动开展过程中，话题的发起者往往是中大班的幼儿，但是小班的幼儿也有自己独特的视角与发展需要。小班幼儿在欣赏各种叶子时，对树叶的颜色产生了浓厚的兴趣。于是，教师为小班的幼儿设计了这个活动，让他们在游戏中感受美、表现美。

活动目标

①对颜色分类感兴趣，体验帮树妈妈找到树叶宝宝的快乐。

②能按照颜色帮助树妈妈找到树叶宝宝。

活动准备

经验准备：幼儿认识红、黄、绿三种颜色，有使用胶棒粘东西的经验。

物质准备：《叶子的色彩王国》PPT，树妈妈图纸，红、黄、绿三色树叶，胶棒。

活动重、难点

重点：按照颜色将树叶宝宝粘贴到相应位置。

难点：按颜色分类。

活动过程

1. 导入

通过情境导入激发幼儿参与活动的愿望。

①师：美丽的大森林里长着各种颜色的大树。秋天到了，一眼望过去，森林美极了。

②出示红、黄、绿三种颜色的大树的画面。

③师：树叶宝宝有的在树妈妈的怀里睡觉，有的相互间说着悄悄话，还有些调皮的树叶宝宝在做游戏……可真有意思啊！突然，一阵风吹过来，树叶宝宝纷纷落下，离开了自己的树妈妈。树妈妈有些伤心。随着自己身上的树叶宝宝越来越少，她好想记录下来现在的样子。我们能帮助她吗？

2. 基本过程

（1）树叶宝宝是什么样的

①师：树叶宝宝是什么样的呢？我们来听树妈妈说说自己宝宝的样子吧。

②引导幼儿明确树妈妈和树叶宝宝的颜色的关系。

（2）帮助树妈妈找到树叶宝宝

①引导幼儿正确使用胶棒，不用胶棒的时候帮它戴上"小帽子"。

②巡回观察幼儿分类、粘贴情况，及时进行指导。

（3）作品展示

①请幼儿展示自己的成果，相互看看有没有找错树妈妈的树叶宝宝。

②表扬幼儿成功帮助树妈妈找到了树叶宝宝。

3. 活动结束参观作品

（略）

（四）集体教育活动四

活动名称：我是营养师

活动由来

在博物活动开展过程中，教师和幼儿在自然角种植了大蒜，泡了豆芽。幼儿还亲自品尝过自己种的蒜苗，在体验、感受中体会到了植物的食用价值。针对一些幼儿有偏食、挑食的问题，教师组织了本次活动，让幼儿更全面地了解不同植物的食用功能、食物的多样性以及人与食物的密切关系。

活动目标

①初步了解均衡饮食的必要性。

②增强不挑食、不偏食、多吃蔬菜和水果的意识。

活动准备

物质准备：PPT、幼儿食谱、挂图、蔬菜、水果、鸡蛋、牛奶。

经验准备：请家长帮助幼儿了解有关食谱的简单常识。

活动过程

1. 谈话活动，引入主题

师：小朋友们，你们最喜欢吃什么蔬菜呢？

2. 引导幼儿欣赏PPT，了解良好的饮食习惯

分析PPT中小朋友偏胖、偏瘦的原因，引导幼儿合理选择食物。

3. 鼓励幼儿搭配营养餐，了解人体需要均衡饮食

①鼓励幼儿与同伴一起利用食材搭配一份营养餐，并记录下来。

图4-15　幼儿在交流自己吃过的食物

②结合课件中的"食物金字塔"，帮助幼儿了解人体每天所需的各种食物，知道不挑食、不偏食的重要性。

4. 交流分享

幼儿交流、分享自己搭配的营养餐。

视频4-1　混龄班博物活动"我是营养师"

扫描二维码观看视频

（五）集体教育活动五

活动名称： 树叶飘落

活动由来

秋天的时候，飘落的银杏叶是我园最美的风景，也是幼儿的玩具。幼儿喜欢在银杏树下抛树叶，拣树叶，玩拔根游戏。为了增强幼儿表达美的能力，教师设计了本次音乐活动，让幼儿在演唱中表达对自然的热爱。

其实，落叶是一个生命的结束，是一个完整生命周期的句号。在这个时间

段，很多幼儿会追问"它们为什么会落下来？""它们疼不疼？""没有小叶子的树是死了吗？""这样过冬冷不冷？"诸如此类的问题会引发教师对生命的思考。于是，教师在班级中投放了《一片树叶落下来》这本书，让幼儿在表达美的同时感受生命的有限，学会珍惜生命。

活动目标

①在音乐中感受树叶飘落的美。

②能用轮唱的方法演唱。

③在欣赏落叶中感受生命的有限。

活动准备

经验准备：幼儿见过树叶，见过树叶飘落的样子，到户外玩过树叶游戏。

物质准备：树叶、《小树叶》音乐。

活动重、难点

重点：能用轮唱的方法演唱。

难点：感受生命的有限，珍爱生命。

活动过程

1. 导入

师幼共同游戏，激发兴趣。

①师：今天老师带来了许多树叶。大家选出自己喜欢的，给它取个名字。

②师幼共同把树叶抛向空中，观察树叶飘落的样子。教师启发幼儿说出一些动词，如翻滚、洒落、一摇一摆等。

③师：小树叶是从哪里来的？它为什么要离开树妈妈？秋风一吹，小树叶会怎样？它会怎样飘？谁来学一学？猜猜它会飘向哪里？

④教师扮演大树，幼儿扮演小树叶，听歌曲，按照自己的理解用肢体语言表演歌曲。

2. 基本过程

（1）幼儿欣赏音乐，通过动作表演理解并记忆歌词

①师：小树叶飘向了哪里？你从音乐中听到了什么？你们有没有听到小树叶说话？它会说什么话？

②幼儿在教师的引导下记忆歌词。

（2）幼儿学唱歌曲，并用肢体动作表现

①幼儿先学唱分句，再整首演唱。

图4-16 画郁金香

②教师启发幼儿一边演唱，一边用表情、动作有节奏地表现歌曲。

③幼儿分为A、B两组，B组晚两拍起唱，A组将|2 3 5|这一小节重复唱两遍。两组前后开始，一起结束演唱。

3. 活动结束

两组看教师指挥，练习轮唱。

区域创设

1. 水墨区

创设目的：

能用水墨工具表达欣赏到的植物，初步感受季节变化与植物生长的关系。

活动重点：

绘画前仔细观察植物的颜色、形状、结构等，用水墨绘画各种植物。

2. 科学区

创设目的：

①能感知到植物的外形特征与生存环境相适应；

②能通过观察、比较和分析发现植物叶子的相同点与不同点。

活动重点：

①能有意识地观察周围事物，通过观察、比较与分析发现事物的相同点与不同点；

②能感知和发现植物的外形特征与生存环境的适应关系。

3. 生活区

创设目的：

①积极参与插花活动，主动表达自己的感受和想法；

②能用作品美化园所环境与班级环境，感受人与自然的密切关系。

图4-17 幼儿在环境中找相似的叶子　　图4-18 树叶形状对应　　图4-19 看我插的花漂亮吗

活动重点：
选择合适的花器与花进行搭配。
4. 展陈区
创设目的：
①陈列在探究、表达、收集过程中的作品；
②分享学习的感受与结果。
活动重点：
选择适当的位置摆放展品。

（六）博物墙创设

"植物王国"主题墙记录了此次博物活动的全过程。在主题墙创设的过程中，幼儿充分发挥主观能动性，积极参与收集、整理、分类等工作，全身心地投入到各项活动中。

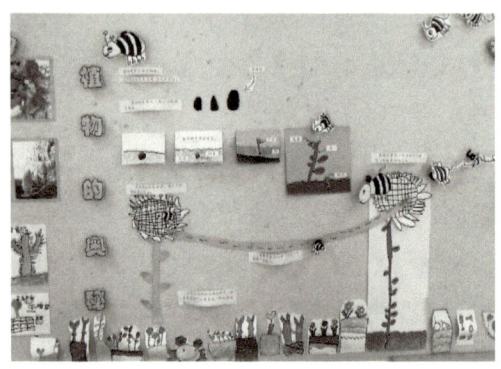

图4-20 植物的奥秘

图4-21 春天的植物

在博物活动中，幼儿提高了发现问题、分析问题和解决问题的能力，增强了以大带小的班级合作意识，了解了植物的多样性、不同植物的结构与功能，感受到了植物与人的密切关系，逐渐懂得热爱、尊重、保护自然，形成了初步的博爱情怀。

（七）家园合作

本活动的开展调动了家长积极参与的热情。在节假日，家长带着幼儿去公园玩耍、去郊游的过程中，会和幼儿一起观察、收集树叶，让幼儿了解植物的生长环境与功能。很多幼儿在旅游的过程中，会自发留意不同地域的植物的不同。例如，甜发现厦门的植物与北京的植物有很大不同——厦门有许多棕榈树，多肉植物也很多；北京有许多杨树、槐树等，银杏树也很多。幼儿在走向更广阔的世界的过程中，发现了植物世界的丰富多彩；在品尝各地美食的过程中，发现了植物作为美食的实用性。其实，博物就在我们身边，我们只有有一双善于发现的眼睛，有一颗追问的心，才能感受世界的美好。

五、博物活动案例

神奇的尺子

幼儿在测量的过程中遇到了困难。他们是如何讨论与解决的呢?

丁（中班）：大蒜长得真快啊！长得比尺子还长呢！

轩（中班）：尺子太短了，只有15厘米，没办法量了。

弯（中班）：我知道班里有一把更长的尺子，老师说有30厘米呢！

幼儿找到30厘米的尺子，暂时解决了测量大蒜长度的问题。过了几天，幼儿又发现了新的问题。

涵（中班）：萌，快看啊，你带的地瓜长到树上去啦！

萌（中班）：这个地瓜长得太长了。

湫（中班）：地瓜藤有多长呢？

弯（中班）：我们用尺子量一量就知道啦。

轩（中班）：可是我们没有这么长的尺子啊。

弯（中班）：我们去问问老师有没有比30厘米更长的尺子吧。

师：我们班里也没有那么长的尺子呀。我们想要测量地瓜藤的长度，开动小脑筋想一想，怎么办呢？

毛（中班）：我们可以把班里所有的尺子连起来量。

涵（中班）：所有的尺子连起来也不够长啊，而且地瓜藤都是弯的，尺子直直的怎么量？

毛（中班）：要不我们把藤掰直吧！掰直了就能量了。

师：把地瓜藤弄疼了怎么办呢？

湫（中班）：我知道啦！咱们可以按绘本《一寸虫》里那样的测量方法，用小尺子挪着一点一点地量。

轩（中班）：可是我们怎么知道每次挪到哪呢？要不用笔在藤上画上标记？

萌（中班）：不能在藤上画，会伤害它的。

湫（中班）：那用两把尺子，一个一个地挨着挪呢？（湫一边说一边用两把尺子示意）

萌（中班）：这个办法好，我们试试吧。

丁（中班）：地瓜藤长得实在是太高了，踩在椅子上都够不着。

涵（中班）：而且尺子总是晃，都不知道量到哪儿了。

湫（中班）：是啊，地瓜藤长得太弯了，尺子不好量。

这时，有的幼儿低着头，有的幼儿在摇头，似乎觉得测量地瓜藤长度是个不可能完成的事。

师：只要我们有信心，动脑筋思考，坚持做事情，就一定会成功的！

湫（中班）：我们去问问大班的哥哥姐姐吧，他们肯定有好办法。

中班的幼儿和大班的幼儿说了测量地瓜藤的想法与做过的尝试后，大班的幼儿也开始讨论起来。

冬（大班）：这还不容易，把藤剪成一小段一小段的不就好量了吗？

中班幼儿听到后，有的捂起嘴巴，有的连连摆手，有的显出一副吃惊的表情，纷纷告诉冬冬不能伤害地瓜藤。

赫（大班）：我们可以自己做一把尺子，做一把长长的尺子去量。

萱（中班）：我们怎么做尺子呢？

甜（大班）：啊？你要自己做尺子啊？用什么材料做啊？你看瓜藤弯弯绕绕的，塑料的硬的可不行。

赫（大班）：可以用纸做啊，就像我们平时做的数字卷一样，做完了还可以把它卷起来，多方便啊！

顺（大班）：那尺子的长度怎么确定呢？做完了要是长度不准也不行啊。

赫（大班）：我用尺子比着画呗。

赫说完就去美工区取一些活动剩下的纸，按合适的长度和宽度剪下，又取了两支铅笔和一把尺子。

果（中班）：赫，你怎么取了两支铅笔，我帮你送回去一支吧。

赫（大班）：哈哈，不用啦，我取了一支粗的铅笔，一支细的铅笔，用粗的铅笔画厘米线，用细的铅笔画毫米线、写数字。

赫利用几天活动区的时间制作了一把长长的"尺子"。终于可以测量地瓜藤的长度啦！幼儿都聚集在自然角。在教师的协助下，赫成功地测量出了地瓜藤的长度。

幼儿都开心地欢呼："我们成功啦！"后来，赫还在坚持每天测量地瓜藤，发现地瓜藤每周能长十几厘米。幼儿还发现地瓜藤在向阳的地方、被给予充分水分的时候长得更快。

梦（大班）：我们也可以把绳子绑在地瓜藤上，从最下边一直绑到最远的那边，然后把绳子解下来并抻直绳子。绳子的长度就是地瓜藤的长度。

师：我们可以试一试，看看用这种方法测量出来的长度是不是和赫测量出来的长度一样。

在教师的鼓励下，梦用绳子测量出了地瓜藤的长度。梦的测量结果与赫的测量结果相差5厘米。教师向幼儿解释在测量过程中可能会因为测量方法、测量工具等原因产生误差。幼儿对于用各种方法测量物体长度都十分感兴趣，开始模仿赫的方法制作"尺子"，用做好的"尺子"测量玩具柜、椅子等物品的高度，还测量了小班幼儿和教师的身高。幼儿做的"尺子"的精确度越来越高啦！

作者/尹洁、田璐

指导教师/张琳

六、博物活动中的师幼精彩瞬间

图4-22 我量量大蒜长高了吗

图4-23 地瓜藤长得好长啊

➢ 博物活动名称：生命科学——龟的世界（小班）

一、博物活动案例（一）

班里自然角的两只乌龟深受幼儿喜爱，幼儿每天都会去观察它们。今天本和笑都来得特别早，他们给乌龟带来了食物。本带了苹果，笑带了牛肉干。他们都想第一个喂乌龟。

本："乌龟爱吃我的苹果。"

笑："乌龟爱吃我的牛肉干。"

正当他们争执的时候，我走到了他们旁边。他们看到我之后问："老师，乌龟是喜欢吃苹果还是喜欢吃牛肉干？"

我："我也不知道乌龟喜欢吃什么，我们把苹果和牛肉干分别放到乌龟缸的两头，一起来看看它们到底喜欢吃哪个吧。"

本和笑分别把自己带的食物放到了乌龟缸里。这时候两只乌龟都向牛肉干的方向爬行,并且开始抢了起来。

笑很兴奋地说:"老师,你看乌龟喜欢吃我带的牛肉干。"

本:"我们家的乌龟就很喜欢吃苹果啊。"

我笑了笑说:"是吗?可能是咱们班的乌龟喜欢吃肉吧。"

本失望地点了点头,走开了。

本一上午都不开心。午饭前,我走到自然角看到乌龟正在吃苹果,立刻把本还有笑叫来让他们观察。本看到乌龟吃自己的苹果,突然开心地笑了。

我:"我们班的乌龟喜欢吃牛肉干,也喜欢吃苹果,老师现在给你们一个小任务,你们回家后问问自己的爸爸妈妈,乌龟除了喜欢吃牛肉干和苹果外还喜欢吃什么?"

本和笑高兴地答应了。

第二天,本和笑来得特别早。他们告诉我乌龟属杂食性动物,既吃肉也吃水果。我请他们给同伴讲一讲。接着我补充说:"乌龟喜欢吃的东西有很多,像米饭、馒头、豌豆、小鱼、虾、昆虫、蜗牛、精猪肉等,其中它最喜欢吃的食物是小鱼、精猪肉。虽然乌龟喜欢吃很多东西,但是我们不能每天喂它很多,不然乌龟吃太多就会被撑到。我们可以两天喂一次。"幼儿对乌龟的兴趣更浓厚了。

教师反思

本活动由幼儿随机生成。活动中,教师没有直接告诉幼儿乌龟是杂食性动物,而是让幼儿通过操作、观察以及查找相关资料来探究乌龟的食性。这一过程可以丰富幼儿的直接经验,引起幼儿对乌龟的兴趣。亲子共同查找资料增进了亲子感情,帮助了幼儿深入探究。教师鼓励幼儿与他人分享自己的探究成果,提高了幼儿的表达能力。

二、博物活动案例(二)

这天,婉和诺高兴地跑到自然角给乌龟喂食。

婉:"咱俩给乌龟起个名字吧,这个叫小乌龟,这个叫大乌龟。"

诺:"好啊,小的叫小乌龟,大的叫大乌龟。"

婉:"咱们说话小声点,乌龟好像睡着了。"

诺:"对,咱们说话小声点。"

这两名幼儿一直站在自然角,安静地看着乌龟。我观察了好一会儿,走上前去蹲在她们俩中间，小声地问："你们在看什么？"

婉："我们在看乌龟，但是现在它们睡着了。"

我："真的是啊，它们还没睡醒，那咱们今天要安静地观察它们了。"

诺："老师，我们刚才还给它们取了个名字，大的叫大乌龟，小的叫小乌龟。"诺既兴奋又小声地告诉我。

我："哦，大的叫大乌龟，小的叫小乌龟，你们给乌龟取得名字太好了。以后咱们就叫它们大乌龟和小乌龟了。但是老师有个问题，现在小乌龟还没长大，咱们能一眼看出哪个乌龟大，哪个乌龟小。等小乌龟长得和大乌龟一样大了，咱们就不能分出了哪个是大乌龟，哪个是小乌龟了。"

婉和诺也意识到了这个问题，没有再说话。

我："你们再好好观察一下，看看怎样才能区分出大乌龟和小乌龟？"我说完便离开了，让她们两个继续观察。

不一会婉和诺就跑过来告诉我："老师，我们知道怎么区分大乌龟和小乌龟了。"说完便拉着我往自然角走去。

婉："老师，你看，小乌龟的脚要比大乌龟的小。"

诺："小乌龟的壳也比大乌龟的小。"

婉："小乌龟的尾巴也比大乌龟的小。"

我："你们观察得太仔细了！确实，现在小乌龟的脚、壳还有尾巴都要比大乌龟的小，但是等小乌龟长大了，它的脚、壳还有尾巴也会跟着长大，那时候我们就没办法来区分哪个是大乌龟，哪个是小乌龟了。"

婉和诺再次安静下来，想了想。

我："你们想一想，平常是怎么区分两名小朋友的？"

婉："每名小朋友长得不一样！"

我："对，那咱们看看这两只乌龟长得一样吗？"（此时，两只乌龟已经醒了）

婉："老师，我觉得这两只乌龟长得一样啊！"

诺："不一样，这只乌龟比那只乌龟头大。"

婉："那等小乌龟长大了，它们两个的头就一样大了。"

我："对，等小乌龟长大了，它们两个的头就一样大了。你们再想想，要是两名小朋友是双胞胎，长得一样，咱们是怎么区分他们的呢？"

婉："衣服，他们穿的衣服不一样。"

我："那你们看看，这两只乌龟的龟背是不是一样的？"

婉和诺在乌龟缸周围左看看，右看看，一会儿站在这个位置看，一会儿又跑到那个位置看。

诺:"老师,它们龟背的颜色不一样。"

我:"哦,还真的是,它们龟背的颜色是怎么不一样的呢?"

诺:"小乌龟龟背的颜色浅,大乌龟龟背的颜色深。"

我:"嗯,是的。小乌龟龟背的颜色比较浅,偏黄;大乌龟龟背的颜色比较深,有一点偏绿色是吗?"

诺:"对。"

我:"非常好,你找到一个大乌龟和小乌龟不一样的地方。现在请你们再找一下这两只乌龟还有没有不一样的地方。"

两名幼儿又开始围着乌龟缸仔细观察了起来。就在这时,区域活动时间快到了,我正要提醒他们可以明天继续观察时,婉突然抬起头兴奋地说:"老师,我知道了,它们两个的衣服不一样。"婉边说边用手比画。

我知道他们两个都已经发现了区分乌龟的方法了,于是说道:"你们观察得很仔细,已经知道怎么区分大乌龟和小乌龟了,老师觉得你们两个今天的表现特别好。现在我们区域活动时间要到了,等一下过渡环节,你们能把你们今天观察到的和别的小朋友分享一下吗?"

婉和诺兴奋地点了点头说:"好。"

到了过渡环节,小朋友们都坐好了。

我:"今天区域活动的时候,小朋友们表现得都非常好,有的小朋友还互相帮助。你们真是越来越棒了。今天婉和诺小朋友在自然角观察乌龟的时候,发现了一个秘密,下面就请这两名小朋友来给大家分享一下她们的发现吧。"说着另一位教师将乌龟缸搬到幼儿面前。

诺:"小乌龟龟背的颜色浅,大乌龟龟背的颜色深。"

我:"婉小朋友,你发现这两只乌龟有哪些不一样呢?"

婉:"大乌龟龟背上有好多线,小乌龟龟背上有小星星。"

我:"嗯,是的。乌龟龟背上的图案是它的龟纹,每只乌龟的龟纹都是不一样的。现在请小朋友们再看一下这两只乌龟,除了刚才婉和诺说的,你们还知道这两只乌龟有什么不一样的吗?"

暖:"一只大乌龟,一只小乌龟。"

婉:"那等小乌龟长大了就和大乌龟一样大了。"

诺:"等他们长大了就分不出大乌龟和小乌龟了。"

我:"对,等小乌龟长得和大乌龟一样大的时候,我们就分不出大乌龟和小乌龟了。"

心:"老师,我们家也养了一只乌龟,和小乌龟一样。"

格:"我们家也养乌龟了。"

我:"刚刚很多小朋友说家里养了乌龟,你们家的乌龟和咱们班里的乌龟一样吗?"

格:"老师,我们家养的乌龟和班里的乌龟不一样。"

我:"哪些地方不一样呢?"

格支支吾吾说不清楚。

我:"小朋友们是不是想知道家里养的乌龟和班里的乌龟是否一样?明天小朋友带来自己家养的乌龟,看一看有哪些不一样。"

教师反思

本活动以幼儿给乌龟起名字为起点。幼儿在教师的引导下,初步探究两只乌龟的不同,通过仔细观察发现其明显特征,并且愿意分享自己的发现。在活动中幼儿能够尊重乌龟,在乌龟睡觉时知道要小声说话,不打扰乌龟。

三、博物活动案例(三)

第二天,有的幼儿带来了自己家养的乌龟,有的幼儿带来了图片、图书。我们先进行了一个分享活动,让幼儿分享自己带来的东西。之后幼儿分组观察、触摸,发现乌龟除了颜色、龟纹不一样外,乌龟龟壳的形状、触感也不一样。在观察乌龟的过程中,调皮的乌龟经常乱爬。一开始幼儿会把乌龟重新放进乌龟缸里,后来幼儿对乌龟的爬行有了兴趣,纷纷开始观察乌龟是怎样爬行的。我看到幼儿都在观察乌龟爬行时,便上前询问。

我:"你们在干什么?"

格:"老师,你看乌龟在爬。"

我:"那它是怎么爬的呢?"

格:"乌龟是这样爬的。"说着格便趴在地上学了起来(同侧前后脚爬)。

骏骏:"不对,乌龟是这样爬的。"说着骏也趴在地上学了起来(异侧前后脚爬)。

我:"咱们班地方小,咱们去户外观察乌龟,一边观察一边学乌龟爬好吗?"

在配班教师和保育员的协助下,幼儿到已经铺好地垫的操场上再次观察乌龟爬行。

熙:"乌龟是这样爬的。"(异侧前后脚爬)

我:"嗯,对。乌龟就是这样爬的,前后脚岔开爬,左边前脚和右边后脚一起挪，右边前脚和左边后脚一起挪。"我边说边模仿。

幼儿也开始学乌龟爬行。对于个别爬行姿势不对的幼儿，我让他们再次观察乌龟爬行或者给他们示范。待大部分幼儿掌握乌龟爬行的姿势后，我让幼儿分组在地垫上爬行。

我："现在我们都学会乌龟爬行了，请大家拿一个圆盘放到后背上，变成小乌龟，我们一起来爬行，看看谁能把对面的水果运回家。"

我："今天我们知道了乌龟是怎样爬行的，你们想知道别的小动物是怎样爬行的吗？小朋友们周末可以和爸爸妈妈一起去博物馆或者动物馆选择自己喜欢的动物，观察它们是怎样爬行的，等周一来幼儿园的时候和大家分享你们观察的动物是怎样爬行的吧！"

周一，幼儿在操场上模仿了蜥蜴、蛇、变色龙等动物的爬行方式，知道了许多动物的爬行特点。

教师反思

本活动是在组织幼儿观察乌龟龟纹的过程中形成的。幼儿在观察乌龟龟纹之余还关注到了乌龟的爬行方式，说明幼儿能够对周围的很多事物和现象感兴趣。此外，幼儿能在教师的引导下，通过仔细观察，发现乌龟爬行的特点，并愿意用肢体表现出来，表明幼儿对乌龟爬行十分感兴趣，并且能进行深入的探究。通过亲子活动，幼儿对自己喜欢的动物的爬行方式进行观察、对比，发现了爬行动物间的不同点。幼儿在活动过程中积极参与游戏，喜爱幼儿园生活。

活动总结

小班博物活动"龟的世界"深受幼儿和家长的喜爱。通过该活动，幼儿不仅对乌龟的食物、龟纹、爬行方式有了了解，而且观察、对比的能力也得到了提高。活动中的一些亲子项目给了家长陪伴幼儿成长的机会，家长通过该活动更加了解幼儿。

教师在该活动中主要扮演指导者的角色。幼儿提出问题，教师在幼儿解决问题的过程中适时给予指导。在此过程中，教师的专业能力，如指导能力、观察能力、家园沟通能力等也得到了提升。

作者/陈妍、张思琪

指导教师/刘霞

> 博物活动名称：社会历史文化——球类总动员（中班）

一、博物活动由来

球类运动是一项深受幼儿喜欢的体育运动。每次户外活动的时候，幼儿都会主动要求说："老师，我想玩球。"对于球，幼儿总有一种天生的好奇。在幼儿眼中，球是自己的伙伴。谈到球的时候，幼儿总是滔滔不绝；玩球的时候，幼儿总是跳动雀跃。于是，以"好玩的球"为主题的博物活动就诞生了。在博物活动开展的过程中，幼儿由对球的好奇逐渐延伸出对球的类别的认知、对球的差异的观察和比对、对球背后故事的追问等。幼儿的追问、思考和探究推动着博物活动走得更远。

二、博物活动总目标

①认识不同种类和特性的球。
②喜欢参与多种球类运动，学习球类运动规则，体验共同游戏的快乐。
③主动关注和收藏日常生活中出现的球，并愿意和其他幼儿分享。
④能在实际参与中发现不同的球有不同的运行轨迹，愿意追问和探究差别背后的原因。

图4-24　幼儿在户外玩球

图4-25　亲子玩球

三、博物活动网络图

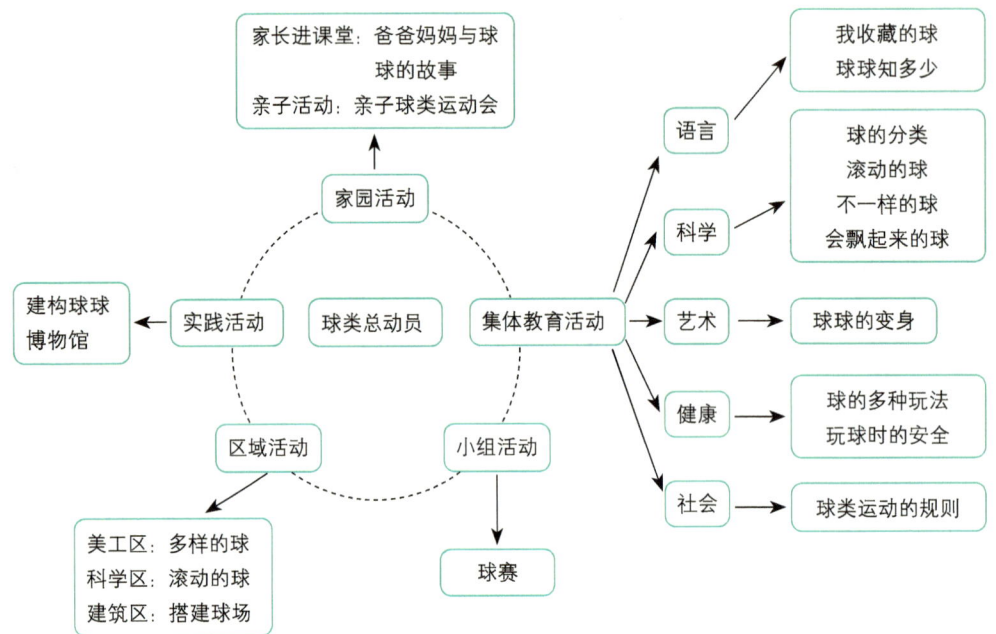

图4-26　球类总动员博物活动网络图

四、系列博物活动

（一）集体教育活动一

活动名称：我收藏的球

活动目标

① 乐于分享收藏球的过程和方法。

② 能用流畅的语言描述自己与球之间的故事。

活动准备

物质准备：幼儿喜爱的球。

经验准备：幼儿收藏过球。

活动重、难点

重点：能够讲述自己与球之间的故事。

难点：说出收藏球的方法。

活动过程

1. 谈话导入

师：今天小朋友都从家里带来了自己的好朋友——球。我想你们既然能够成为好朋友，那么你们之间一定发生过很多有趣的故事吧。

2. 幼儿分享与表达

师：今天就请小朋友给大家讲一讲你们是怎么成为朋友的，平时你们在一起会做什么有趣的事。

幼儿讲述第一次把球带回家的经历，分享与爸爸妈妈一起玩球的快乐经历。

师：你有什么收藏和保护球的方法呢？

幼儿讲述和分享自己收藏和保护球的方法。

3. 教师小结

幼儿能主动讲述与球之间有趣的故事，愿意分享自己收藏的过程，有自己独特的收藏和保护球的方法。

（二）集体教育活动二

活动名称：球的分类

活动目标

①认识不同种类和特性的球。

②乐于发现和收集日常生活中不一样的球。

③感知球的多样性，并能按球的不同特性进行分类。

活动准备

物质准备：各种球（篮球、羽毛球、弹力球、气球等）。

经验准备：幼儿在生活中有与不同的球接触的体验。

活动重、难点

重点：发现和认识生活中不同种类和特性的球。

难点：能按球的不同特性进行分类。

活动过程

1. 出示幼儿收集的各种各样的球，激发幼儿对球的兴趣

教师出示各种各样的球，幼儿进行介绍。

2. 引发幼儿思考

（1）它们是球吗

引导幼儿观察这些球与户外活动时使用的球的区别。

（2）幼儿表达

鼓励幼儿说出自己知道的不一样的球，引发幼儿对球的多样性的深入思考。

3. 创设情境，激发幼儿分类的兴趣

①师：今天，咱们班好多小朋友都把自己珍爱的球带到了幼儿园。这么多球

摆在一起，五颜六色，是不是特别的漂亮呢？请小朋友仔细看一看，这样摆放的话，我们会不会在这么多球中很难找到属于自己的球了？今天我是大家的球的管理员，请所有小朋友都帮我出出主意，让我们都能快一点找到自己的球。

②幼儿将球按照自己的想法进行分类，并说出自己分类的依据。教师记录幼儿分类的依据。

图4-27 这是什么球

图4-28 我来将球进行分类

4. 引导幼儿在玩球的过程中发现球与球之间的差异

教师将不同类型的球提供给幼儿，让幼儿在体验不同玩法中比对和发现不同的球的差异。

师：现在请小朋友挑选两个不同的球向大家展示不一样的玩法。

教师小结：有四种分类——大小分类、颜色分类、功能分类、材质分类。

视频4-2 中班博物活动"球的分类"

扫描二维码观看视频

（三）集体教育活动三

活动名称：球类运动的规则

活动目标

①对各种球类运动有比较清晰的认识。

②能了解并遵守球类运动的规则。

活动准备

经验准备：幼儿对球类运动有了解，生活中有玩球类游戏的真实体验。

物质准备：各类型的球、各种球类运动小视频。

活动重、难点

重点：了解不同的球类运动。

难点：知道不同球类运动的游戏规则。

活动过程

1. 谈话导入

师：请问小朋友们有没有看过球类比赛呢？说一说都看过什么类型的球类比赛？你所见过的球类比赛有多少人参加呢？

2. 活动过程

播放小视频，让幼儿猜一猜每段小视频展现的是什么类型的球类运动，引导幼儿尝试模仿运动员的动作。

师：在观看视频时大家能否发现不同球类运动有不同的游戏规则呢？

3. 活动延伸

中国有什么高水平的球类运动？

（四）集体教育活动四

活动名称：滚动的球

活动目标

①大胆探索各种球滚动的现象。

②观察不同的球的运动轨迹与形状、重量之间的关系，学习记录观察结果。

③感知球的重量不同，滚动速度也不同。

活动准备

经验准备：幼儿有滚球的经验。

物质准备：记录纸、笔、各种各样的球、积木。

活动重、难点

重点：探索各种球滚动的现象。

难点：探索不同的球的滚动与形状、重量之间的关系。

活动过程

1. 出示材料，激发幼儿兴趣

师：今天球球来"比赛"了，看谁滚得快。你们来猜一猜，哪类球滚得快？

图4-29　看看谁跑得快 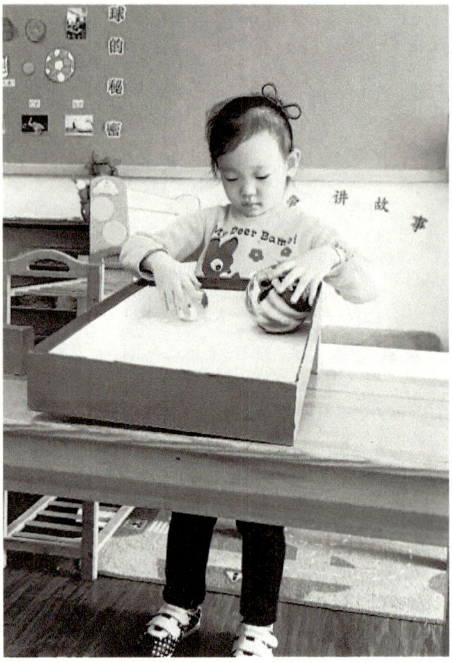　　　　　图4-30　幼儿进行实验

引导幼儿大胆猜想。

2. 演示实验

实验一：将积木、笔、小球放在轨道一端，同时落下，看哪个滚得快。

引导幼儿记录物体的运动轨迹，讲述物体滚动的样子，并记录下来。

实验二：将三个不同重量的球同时放在轨道一段，同时落下，看看哪个滚得快。

师：都是球形的物体也有滚得快慢之分，轻的球就滚得快，重的球就滚得慢。

引导幼儿记录物体的运动轨迹，探究其中的奥秘，讲述球滚的速度与形状和重量的关系。

（五）区域创设——球球博物馆

幼儿看着这么多球堆在那里，纷纷跟教师说："老师，我们给球安一个家吧。"教师说："好啊，这个主意不错。"在班级里借助固定的载体展陈出幼儿带来的各式各样的球，对于幼

图4-31　球球博物馆

儿来讲一定有着非同一般的心理体验和教育价值。教师在班级里找到一片区域，计划让幼儿通过设计、思考、参与，动手打造成"球球博物馆"。

展陈台上陈列着幼儿从家带来的各式各样的球。教师引导幼儿确定每个球的摆放位置，了解每种球，亲自设计制作球的介绍牌。在操作过程中，幼儿能感知到各种各样的球的特性，感受到收藏的意义。同时，在一日生活中，幼儿可以经常性地进行参观，并为同伴介绍"哪个球是我带来的，是什么球，怎么玩"。

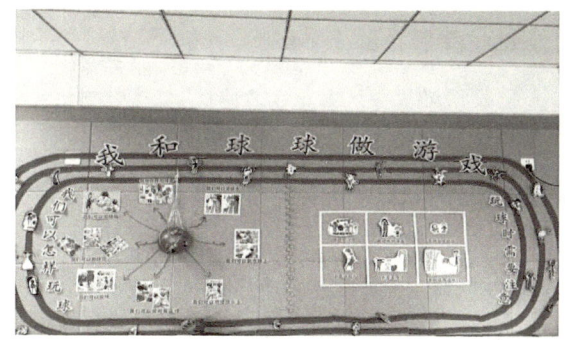

图4-32 博物主题墙"我和球球做游戏"

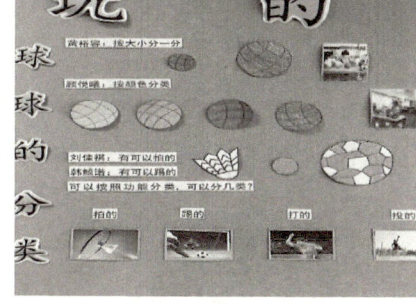

图4-33 球球的分类

（六）博物墙创设

博物墙把幼儿这段时间以来的博物活动体验呈现了出来，可以帮助幼儿更好地感知不同的球。幼儿主动选择要创设诸如操场的情境：第一部分是"我熟悉的球"，幼儿按照颜色、大小、功能等维度对球进行分类；第二部分是"我们可以怎么玩球"，幼儿自由探究球的玩法，发现可以滚球、夹球、拍球、运球、顶球，并制定游戏规则；第三部分是"我最喜爱的球"，幼儿画出自己最喜爱的球并展示在博物墙上，树立对事物进行加工、设计和创造的信心。

（七）家园合作——家长进课堂：爸爸妈妈与球球的故事

随着"球类总动员"博物活动的深入开展，越来越多的幼儿开始提及自己的爸爸妈妈与球球的故事。"球"的话题延伸出了亲子活动中一个新的主题。在幼儿与家长开展的关于球的游戏中，家长也给幼儿提供了许多博物的机会。家园共育是园所一直秉承的教育方式，家庭的沃土和家长的滋养是幼儿园博物教育课程持续深入推进的重要源泉。幼儿园有必要通过"家长进课堂"的方式，让家长讲述"爸爸妈妈与球球的故事"，让幼儿感受时代变迁的背后父辈们不一样的游戏经历。家长为幼儿讲述了许许多多久远的故事。故事里的球仿佛与幼儿现在常见的球有所不同，有玻璃球、弹力球，也有足球。故事中的任何一个小细节都可能成为引发幼儿思考的新的博物点。

五、博物活动案例

领奖台的制作

牛特别希望组织一场足球比赛,为此还特地用酸奶盒制作了领奖台。我很快就发现了问题,牛制作的领奖台没有高低之分。牛似乎并没有意识到这个问题。我用手机为牛查找了奥运会的领奖台,让牛自己观察发现问题。牛一眼就发现了高低的区别。于是我和牛商量后决定再做一个。牛从储物箱中拿了一个墨盒,我们决定把墨盒分成3段裁开。牛又找来一把小尺子,我提议先量一量墨盒的总长。牛熟练地测量完,告诉我是21厘米,并把数据记录在纸上。我又问道:"我们要把墨盒分成高度不一样的3段,你有什么好方法吗?"牛摇摇头。看到牛遇到了困难,我便接着说:"如果把这个墨盒平均分成3段,每段应该是多少呢?""这个我知道,21除以3是7。"牛说。"好,那我们把3个7记录在纸上,再看看怎么分成3段高度不一样的'领奖台'。"牛认真地看着数据思考着,还是一筹莫展。我便主动拿起笔说:"如果我们把左边这个7其中的3分给中间的7,那中间的7就变成几了?""变成10了,3加7等于10,哦,我知道了,这个7就变成4了,4、10、7正好可以做领奖台。"我们商量好方案后,牛便开始用小尺子按照数据量好长度,用裁纸刀将墨盒分成了3段。接下来就是将3个"领奖台"固定了。牛拿来双面胶,将3个"领奖台"粘在一起。大功告成,"领奖台"做好啦!

六、博物活动中的师幼精彩瞬间

户外活动时,几名幼儿拿着篮球在一起谈论玩法。

悠:篮球比赛都是好多人一起玩的,分成两队,每队有很多人。

朵:对,我跟我爸爸一起看的篮球比赛就是有很多人在一起玩的那种比赛。

牛:我跟爸爸妈妈去大学操场里的时候,经常会看到一个人在篮球场上运球。

强:我在电视里还看到了有人用一根手指转动篮球,篮球一直在手指上转啊转,掉不下来。

亮:还可以拍篮球,像这样拍篮球,张老师经常带我们这样玩。

作者/徐凯萍、张耿
指导教师/李洁

➢ 博物活动名称：社会历史文化——瓶瓶罐罐（中班）

一、博物活动由来

瓶瓶罐罐是幼儿生活中常用、常见的物品。喝奶用的奶瓶、喝水用的瓶子、装罐头的罐子，在成人看起来再平常不过的的瓶瓶罐罐却是幼儿爱不释手的玩具。幼儿喜欢敲一敲、碰一碰、滚一滚、摇一摇。丰富的瓶瓶罐罐构成了一个无比神奇的世界，深深吸引着幼儿。

记得有一次朵带到班里一个玻璃瓶，过渡环节时朵对硕说："看我的瓶子漂亮吗？这是我参加婚礼时得到的喜糖瓶。"硕说："我家里有更漂亮的瓶子，明天带来给你看。"幼儿从家里带来了各种各样的瓶瓶罐罐，开办起了海豚班瓶瓶罐罐展。由此，瓶瓶罐罐博物活动拉开了帷幕。

图4-34　看我的瓶子漂亮吗

图4-35　这个瓶子好神奇

二、博物活动总目标

①愿意收集瓶瓶罐罐并进行简单分类，能主动与他人分享。
②认识多种瓶瓶罐罐，感知瓶瓶罐罐的用途。
③感受与欣赏瓶瓶罐罐的美，用多种形式表现出来。
④了解瓶瓶罐罐的循环过程，能用瓶瓶罐罐美化生活，初步建立环保意识。

三、博物活动网络图

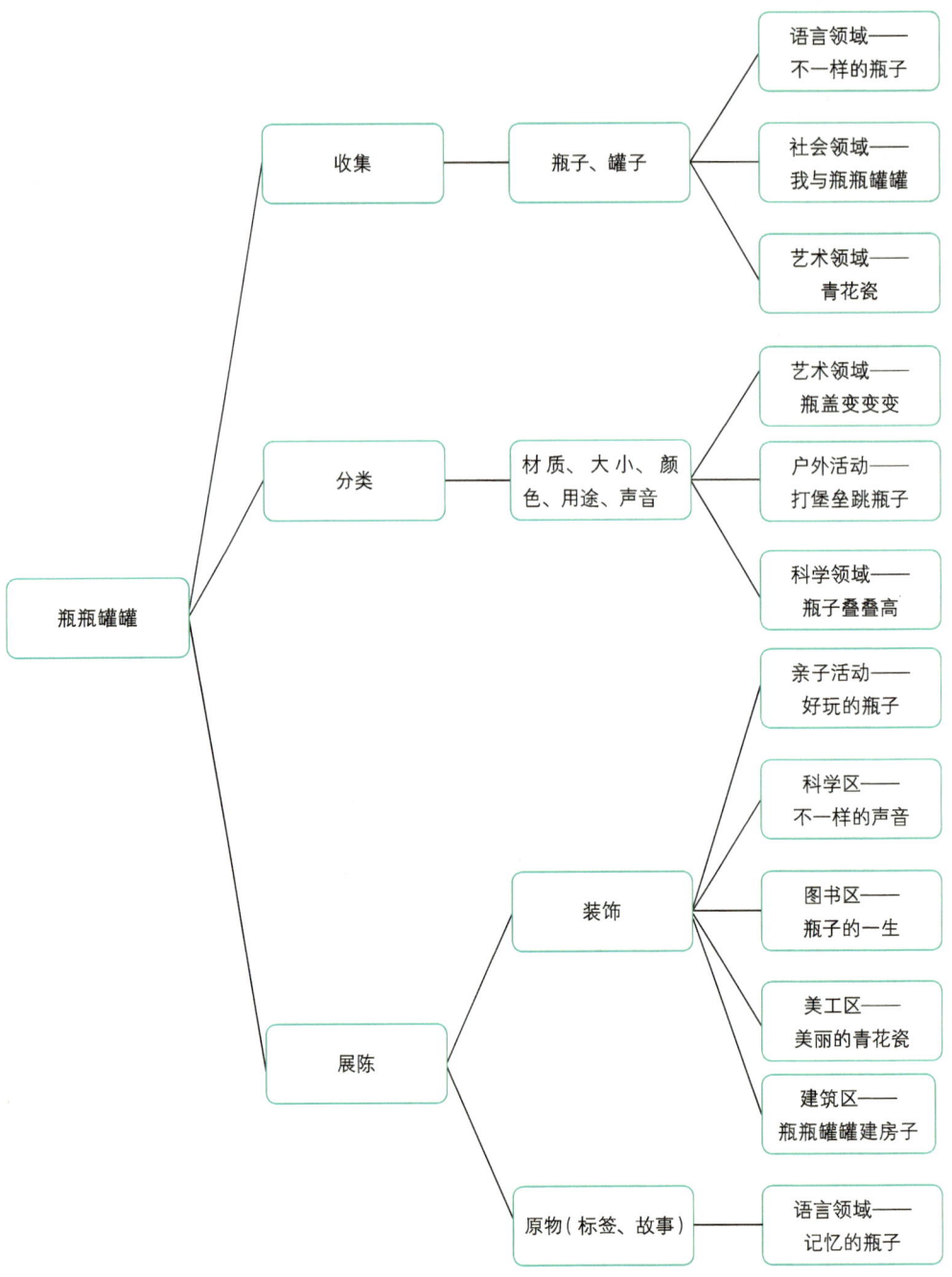

图4-36　瓶瓶罐罐博物活动网络图

四、系列博物活动

（一）集体教育活动一

活动名称：青花瓷

活动由来

有一天，幼儿发现班里的一个笔筒上面有好看的花纹，七嘴八舌地议论着。原来，幼儿发现的是青花瓷的典型纹路。于是，我们以此为博物生发点，开展了活动。

活动目标

①知道青花瓷是白底蓝色花纹的瓷器。

②能用多种方式表现蓝白花纹。

活动准备

经验准备：幼儿在生活中见过一些瓷器。

物质准备：PPT、纸盘、纸、蓝色水彩笔、胶棒。

活动重、难点

重点：认识青花瓷花纹的种类。

难点：能大胆表现并能绘制蓝色花纹。

活动过程

1. 导入

呈现多种多样的青花瓷作品，引导幼儿观看图片。

师：小朋友，你们见过这种花瓶吗？

2. 基本过程

（1）引导幼儿观察青花瓷的外形特征

①引导幼儿观察瓶颈和瓶肚。

师：这些花瓶是什么样的？瓶颈和瓶肚有什么特点？

②引导幼儿观察花纹。

师：花瓶上有些什么花纹？这些花纹都是什么颜色的？

③小结：这种瓷器只有蓝白两色，它有一个好听的名字——青花瓷。古代人把蓝色叫作青色。他们又觉得这种瓷器像花儿一样美，就把这种瓷器叫作青花瓷。这是我们中国特有的瓷器。

（2）介绍花纹种类

师：这些瓷器是不是很美呀？下面老师给大家介绍一些花纹的种类。

①青花瓷龙纹。

②青花瓷海水纹。

③青花瓷如意云纹。

④青花瓷团花纹。

3. 引导幼儿创造性地表达

（1）鼓励幼儿自主选择图形进行创作

幼儿创作出自己喜欢的花纹，将花纹粘贴在黑色卡纸上。

（2）引导幼儿画花纹

①鼓励幼儿大胆尝试用蓝色画出自己喜欢的花纹。

②引导幼儿用综合花纹进行装饰。

4. 展示与分享幼儿作品

①展示幼儿设计的青花瓷。

②请幼儿介绍自己设计的青花瓷上面有哪种纹饰。

师：青花瓷的花纹非常漂亮，希望小朋友在今后的生活中继续观察，看一看我们生活中使用的青花瓷上面的花纹是什么样的，也希望小朋友能够用这些花纹来装点我们的生活。

视频4-3 中班博物活动"青花瓷"

扫描二维码观看视频

（二）集体教育活动二

活动名称：记忆的瓶子

活动由来

幼儿将自己喜欢的瓶瓶罐罐带到幼儿园，诉说着自己与瓶子的故事。我们以此为博物生发点进行了相关活动。

活动目标

①能主动用多种方式分享自己与瓶子的故事。

②在分享过程中体会收集的快乐。

活动准备

经验准备：幼儿有关于瓶子的记忆，听过、看过《记忆的瓶子》这本书。

物质准备：班内的瓶瓶罐罐展览、瓶子的照片、PPT、投影、水彩笔、卡纸、幼儿印章、泥钉、冰棍棒。

活动重、难点

重点：能主动地用多种方式分享自己与瓶子的故事。

难点：对自己收集的瓶子有感情，愿意将这种感情与他人分享。

活动过程

1. 回顾

(1) 播放《记忆的瓶子》PPT, 请幼儿回忆故事内容

师: 小朋友们, 请你们回忆一下故事中瓶子里面装的是什么。

(2) 教师小结

师: 每个瓶子都会与你有一个不同的故事, 这个故事可以成为我们美好的回忆。

2. 我与瓶子的故事——语言表达分享

①展示照片, 与幼儿分享自己与瓶子的故事。

②请幼儿说一说自己与瓶子的故事。

师: 刚才老师介绍了我和瓶子的故事, 现在小朋友们可以说一说你和瓶子之间的故事吗? 你的瓶子是从哪里来的? 你和它有趣的故事是什么?

3. 我与瓶子的故事——绘画表达

每名幼儿都与瓶子发生过精彩的故事, 有的幼儿提出要把自己好玩的故事画出来。

①为幼儿分发卡纸, 让幼儿将自己与瓶子的故事画出在卡纸上。

②播放背景音乐和幼儿提供的瓶子的照片。

③让幼儿画完后盖上自己的小印章。

④让幼儿将自己的故事卡粘到冰棍棒上并插进自己的瓶子里。

4. 观看瓶子故事展

①请幼儿观看瓶子故事展, 看一看其他幼儿的瓶子与故事卡。

②请幼儿介绍自己的故事卡。

③教师小结。

师: 每名小朋友都与瓶子发生过精彩的故事, 希望小朋友记住自己与瓶子的故事, 在将来的某一天再次看到这个瓶子时能够回忆起你与瓶子的故事。

(三) 集体教育活动三

活动名称: 瓶盖变变变

活动由来

幼儿在日常生活中收集了大量的瓶盖。有的不断摆弄着瓶盖, 有的用瓶盖搭建出了意想不到的作品。于是, 我们以此为博物生发点, 开展了相关活动。

活动目标

①利用瓶盖制作各种实物, 体验共同创作的乐趣。

②初步了解瓶盖与人类生活的关系, 萌发环保意识。

活动准备

经验准备：幼儿见过并玩过瓶盖。

物质准备：各种瓶盖、实物投影仪、胶棒、纸箱。

活动重、难点

重点：利用瓶盖制作各种实物。

难点：共同进行瓶盖创作。

活动过程

1. 引导幼儿初步感知瓶盖的特征

师：这些瓶盖各有各的不同，有的大、有的小，而且它们都有正面、反面。

2. 呈现《我们的海洋》壁画，展示瓶盖画

（1）简单介绍，激发幼儿作画的兴趣

《我们的海洋》是新西兰艺术家用形状各异的塑料瓶盖制作而成的。上面有一只大海龟，预示着被塑料不断侵占的海洋环境，提醒人们要爱护环境。

（2）鼓励幼儿自由表达自己想用什么瓶盖搭建什么作品

（略）

3. 引导幼儿在轻松的音乐伴奏下体验瓶盖作画的乐趣

①出示操作材料——纸箱，让幼儿在纸箱上用瓶盖作画。

②鼓励幼儿自由选择，运用不同材料进行操作。

4. 引导幼儿从画面的色彩、布局等方面进行自评、互评，交流作画的过程

（略）

5. 总结

原来瓶子浑身是宝：瓶子可以装东西，瓶盖还可以作画。在收集各种瓶盖并进行创作的过程中，幼儿逐渐了解了瓶盖与人类生活的关系，学会了在日常生活中保护环境，并向家人、社区居民等宣传环保。

（四）区域创设

1. 美工区：美丽的青花瓷

基于幼儿的兴趣，教师在美工区投放了多种多样的材料供幼儿制作青花瓷使用，如轻粘土、橡皮泥、蓝色纸、卡纸、酸奶瓶、油画棒、蓝色颜料等。幼儿可以根据自己的想法制作自己喜欢的青花瓷。为了提高幼儿的审美能力，教师还在美工区投放了各种青花瓷的实物以及图片，供幼儿欣赏、参考。

2. 科学区：不一样的声音

瓶瓶罐罐多种多样，由于它们的材质不同、外形不同，因此它们的声音也不同。

幼儿喜欢敲一敲、碰一碰。教师在科学区投放了材质和外形不同的瓶子和罐子，供幼儿探索瓶瓶罐罐的声音的奥秘。

投入初期，教师投放了节奏卡。幼儿可以根据图谱敲出不同的节奏，体验声音的乐趣。随后教师在幼儿建立了兴趣的基础上取消了节奏卡，在瓶口、瓶身等处贴上标记。当幼儿在击打不同部位时，瓶子便会发出高、低不一样的声音。幼儿在玩中学，在学中玩。

3. 图书区：瓶子的一生

为了丰富幼儿对瓶子的认识，教师在图书区投放了《瓶子的一生》自制图书。前期教师在区域活动时会重点为幼儿讲述，让幼儿知道瓶子是可以循环利用的。幼儿在熟悉后，可进行看图讲述的练习，提高语言表达能力。

4. 建筑区：瓶瓶罐罐建房子

幼儿把废弃的奶粉罐、薯片罐、矿泉水瓶当作搭建工具，探究垒高的方法，用瓶瓶罐罐搭建城堡、大桥。

（五）博物墙创设

博物专题"瓶瓶罐罐"从以下三个层面展开：收集、分类、展陈。

1. 收集

幼儿从家中带来了各种各样的瓶瓶罐罐，有的是喝奶的奶瓶，有的是存钱的罐子……幼儿对这些瓶瓶罐罐非常感兴趣，纷纷为大家讲述自己与瓶瓶罐罐的故事。

2. 分类

幼儿在不断的摆弄、探索中发现这些瓶瓶罐罐存在很多不一样的地方。例如，它们的颜色是不一样的，它们的材质是不一样的，它们的盖子是不一样的。因此教师和幼儿一起将这些瓶瓶罐罐进行了分类，并且将瓶盖不一样的瓶瓶罐罐放在了主题墙下面的柜子上。幼儿在过渡环节时可以玩一玩、看一看，不断与这些瓶瓶罐罐进行互动。

图4-37 "瓶瓶罐罐"主题墙面

3. 展陈

展陈分为两部分：一部分是改变瓶瓶罐罐原貌、经过艺术加工后的展陈；另一部分是不改变瓶瓶罐罐原貌的实物展陈。

（六）家园合作

"瓶瓶罐罐"博物活动开展的过程中少不了家庭的参与。瓶瓶罐罐来源于幼儿的生活。在活动开展之初，教师向家长发出了倡议：全家一起帮助幼儿收集与幼儿生活有关的瓶瓶罐罐。在活动过程中我们还开展了亲子活动——"好玩儿的瓶瓶罐罐"，家长非常积极地参与，并且在其中收获了与幼儿一起活动的快乐。

图4-38　好玩的瓶瓶罐罐

在进行"记忆的瓶子"博物活动时，家长积极参与，纷纷发来幼儿用瓶子的照片，并为教师介绍幼儿小时候用瓶子的故事。果妈妈说："感谢幼儿园开展的这次活动，让我们全家一起翻看了孩子小时候的照片。没想到一个小小的奶瓶给我们带来了这么多美好的回忆。"

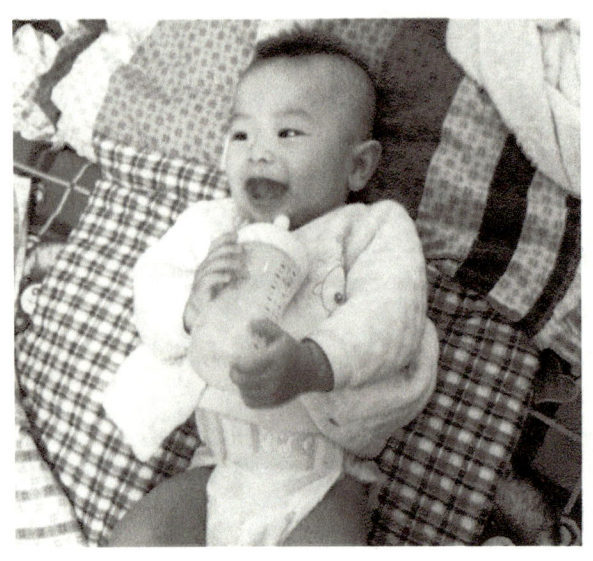

图4-39　我和瓶子的故事

（七）其他

在"青花瓷"博物活动结束后，很多家长还带幼儿利用休息的时间走进博物馆，如中国景泰蓝艺术博物馆。让幼儿感受中国传统文化。特别是蓝妈妈从博物馆回来后还走进了课堂，为幼儿讲述景泰蓝工艺的知识，还带来了蓝的小手链让其他幼儿触摸感受。幼儿们可开心了。

五、博物活动案例

青花瓷的故事

有一次妞用蓝色的纸在瓶子上做撕纸粘贴的活动时出现了困惑。她边撕边说："青花瓷上是

图4-40　参观博物馆

不是只有花的图案啊？为什么不能有动物之类的图案呢？"我走上前对她说："青花瓷上也可以有动物的图案呀，你还记得咱们在画水墨画时用的笔洗吗？那个笔洗上面就有龙的图案。"于是我带着妞走到了旁边的水墨教室看笔洗。妞说："哇！还真的是耶！我可以照着这个笔洗上的龙去装饰我的瓶子吗？"我说："当然可以啦！"妞做完之后特别开心地与同伴分享："这是我用撕纸粘贴的方法做的龙，看，我做的龙一边一个，是对称的。"

幼儿在活动后还对青花瓷保持着非常浓厚的兴趣，延伸出了一些新的活动。每一次的探索、每一次的创作都会给他们带来新的启发和乐趣，促使他们去主动学习。

我为幼儿提供了丰富的材料以及良好的学习环境，如为幼儿准备了纸黏土、蓝色彩纸、蓝色水彩笔等供幼儿大胆创作青花瓷使用。另外我还在班中投放了多种青花瓷的实物以及照片，以丰富幼儿对青花瓷的认识；在过渡环节、餐前为幼儿提供表述机会，鼓励幼儿大胆讲述自己制作的青花瓷。

六、博物活动中的师幼精彩瞬间

蓝带来了自己的奶瓶。在分享自己与奶瓶的故事时,蓝说道:"这是我小时候用的奶瓶,我是用这个喝奶长大的。现在我长大了,不用奶瓶了,但是我想把它留给我弟弟。现在我弟弟用它喝奶。我希望他也像我一样长这么高。"原来,奶瓶这么小的事物对蓝来说可能就和"传家宝"一样不断传递,是珍贵的物品,也寄托着蓝美好的愿望。

作者/付潇潇、张蕊

指导教师/闫慧芳

➤ 博物活动名称:社会历史文化——玩具博览会(大班)

一、博物活动由来

玩具一直是幼儿感兴趣的东西,平时幼儿在家玩的最多的、接触最多的也是玩具。随着时代的发展,供幼儿选择的玩具种类越来越多。在班级每周的分享活动中,总会有幼儿把玩具带到幼儿园。玩具拿出来后,全班幼儿都会很好奇地围上去,不断对玩具进行探索。在此过程中,他们能够珍视自己的玩具,并愿意与同伴分享。一次,一名幼儿带来了一件来自祖辈时代的玩具——羊拐,这更是成了幼儿眼中的稀罕物。幼儿想知道爸爸妈妈爷爷奶奶小时候都玩些什么,玩具有多少种,和现在的一样吗。带着这些疑问与好奇,教师和幼儿一同走进了"玩具博览会"。

二、博物活动总目标

①能够坚持不懈地收集,体会收集的快乐。
②能通过观察、比较与分析的方法发现并描述不同玩具的特征。
③感知玩具的多样性,了解不同时期人们玩的玩具不同。
④能根据自己的想法对玩具进行加工与创造。
⑤体验设计、制作玩具的乐趣,主动与他人分享自己的成果或作品。
⑥知道爱护玩具,掌握收藏玩具的方法。

三、博物活动网络图

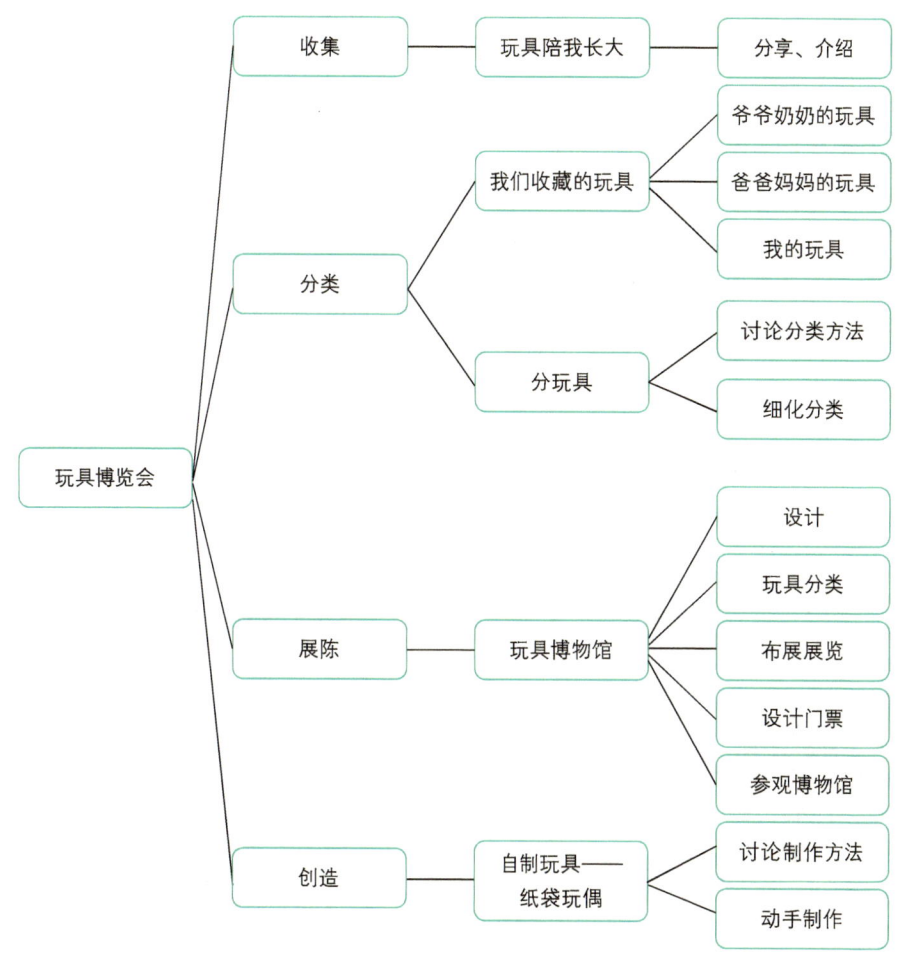

图4-41　玩具博览会博物活动网络图

四、系列博物活动

（一）集体教育活动一

活动名称： 玩具陪伴我长大

活动由来

在收集活动后，幼儿带来了自己的玩具。每名幼儿在过渡环节都乐于跟其他幼儿分享自己的玩具。为了满足幼儿这种需求，帮助幼儿梳理玩具的由来，我们开展了此活动。

活动目标

①了解玩具的由来，能用清晰的语言表达玩具的主要特征。

②了解自己不同时期玩的不同玩具，感受玩具对自己成长的意义。

活动准备

经验准备：幼儿提前了解了自己和玩具之间的故事。

物质准备：幼儿自己带的玩具。

活动重、难点

重点：能用清晰的语言表达玩具的由来。

难点：能用简练的语言表达玩具的主要特征。

活动过程

1. 导入

出示自己珍藏的小时候的玩具，介绍自己和玩具的故事，激发幼儿的兴趣。

2. 基本过程

（1）小组分享

引导幼儿将自己的玩具在小组内分享、交换，使幼儿体验和同伴一起玩玩具的乐趣。

（2）个别分享

①鼓励幼儿上前展示自己的玩具。

②引导幼儿尝试用"我的玩具叫××，它的玩法是××，我和它的故事是……"的句型进行表述。

3. 活动结束

鼓励幼儿为自己的玩具做一个简单的标签，记录玩具和自己的成长变化的关系。

视频4-4　大班博物活动"玩具陪我长大"

扫描二维码观看视频

（二）集体教育活动二

活动名称：我们收藏的玩具

活动由来

幼儿不但喜欢分享玩具，而且喜欢在家中和爸爸妈妈、爷爷奶奶玩一些原来的玩具。但是幼儿对这些玩具感到好奇的同时不知如何去玩，为此教师设置了此活动。

活动目标

①初步了解过去玩具与现在玩具的不同，感受玩具的丰富性。

②学习、掌握一些过去玩具的玩法，懂得玩具来之不易，知道爱护玩具。

活动准备

经验准备：幼儿初步了解一些长辈小时候玩过的玩具。

物质准备：幼儿带的自己喜欢的玩具和长辈小时候的玩具。

活动重、难点

重点：感受玩具的丰富性。

难点：懂得珍惜和爱护玩具。

活动过程

1. 导入

出示一个陀螺，引出玩具话题。

2. 基本过程

（1）长辈的玩具

①师：小朋友都回家向长辈们询问了他们小时候玩过的玩具，现在请你们来介绍一下你们认识的玩具以及玩法。

②播放家长录制好的介绍自己儿时玩具的视频。

（2）玩具大不同

①出示过去的玩具和现在的玩具。

师：请你们观察并试着玩一下这些爸爸妈妈小时候玩过得玩具，看看有没有我们现在也在玩儿的。与现在的玩具相比，那些玩具有哪些不同的地方？

②引导幼儿观察比较，总结相同点与不同点，感受现在玩具的丰富种类，体会自己很幸福。

（3）爱护玩具

①师：你们知道玩具是哪儿来的、应该怎样玩、玩的时候需要注意什么吗？

②师：我们应该爱护每一个玩具，不能随意要求家人买新玩具。

3. 活动结束

引导幼儿轻轻送玩具"回家"。

（三）集体教育活动三

活动名称：分玩具

活动由来

教师把幼儿带来的玩具放在几个筐里，供幼儿随时玩耍。在如何分类摆放这些玩具的时候，幼儿出现了一些分歧。为了满足幼儿的需求，教师设置了此活动。

活动目标

①乐于在收藏的过程中进行分类、整理，感受展陈的乐趣。

②能够根据玩具的不同属性进行分类。

活动准备

经验准备：幼儿初步了解了一些简单的分类方法。

物质准备：幼儿带来的各类玩具。

活动重、难点

重点：在收藏的过程中分类、归纳，并说明分类标准。

难点：能够按同一组玩具的不同特征进行分类。

活动过程

1. 导入

师：前几天有小朋友提议办一个玩具展览馆。我们带来了这么多玩具，怎么把这些玩具展示给别人呢？

2. 基本过程

（1）分类方法多

①师：如果先将玩具分为两类，你们有哪些方法？（幼儿讨论）

②师：原来男生和女生喜欢的玩具有这么多不同，我们可以将玩具分为男生喜欢的和女生喜欢的。

（2）细化分类

①师：如果分成两类摆放还是有些乱，那么请男生组成一组，女生组成一组，分别讨论你们手里的玩具还可以怎么分。（功能、类型）

②引导幼儿将自己的玩具正确分类。

③同一类玩具怎样整齐摆放？（大小、高矮、颜色）

3. 活动结束

引导幼儿将自己的玩具按照讨论好的分类方法整理摆放，进行展陈。

（四）集体教育活动四

活动名称：玩具博物馆

活动由来

幼儿带来了很多玩具，也想把这些玩具展示给更多的人看。一个周末，洋跟爸爸妈妈去了北京自然博物馆，周一他跟其他幼儿讲述了在博物馆的所见所闻。这时宇提议说："我们也建一个玩具博物馆吧。"在此背景下，"玩具博物馆"博物活动形成了。

活动目标

①感知玩具的多样性，了解不同时期人们玩的不同玩具。

②通过建馆活动，体验自己建设博物馆的乐趣。

活动准备

经验准备：幼儿参观过博物馆，了解玩具的分类方法。

物质准备：各个年代不同种类的玩具。

活动重、难点

重点：建设玩具博物馆。

难点：能按不同年代的玩具类型进行布展。

活动过程

1. 导入

引导幼儿初步分享玩具，让幼儿感知不同年代的不同玩具。

2. 讨论并分类

（1）交流

师：这是什么玩具？是谁玩的？怎么玩？

（2）分类

①组织幼儿讨论并确定最终的分类方法。

②引导幼儿按照年代将玩具进行分类。

③请幼儿相互检验分类是否正确。

3. 布展

①师：这个玩具是哪个年代的？应该放在哪里？

②师：要怎么进行展览呢？

③引导幼儿按不同年代的玩具类型进行布展。

4. 活动结束

鼓励幼儿带家长参观自己创设的"玩具博物馆"。

（五）集体教育活动五

活动名称：自制玩具——纸袋玩偶

活动由来

在一次手偶活动后，幼儿积极参与到手偶表演中，激起了亲手制作手偶的欲望。为此教师设置了此活动，以满足幼儿的需求。

活动目标

1. 利用纸袋，通过剪、贴、画等技能表现各种动物的形象。

2. 体验设计制作玩具的乐趣，主动与他人分享自己的成果。

活动准备

经验准备：幼儿有玩纸偶、手偶的经历。

物质准备：纸袋、彩纸、剪刀、水彩笔、胶棒。

活动重、难点

重点：通过剪、贴、画等技能表现各种动物的形象。

难点：体验设计制作的乐趣。

活动过程

1. 导入

出示纸偶范例，激发幼儿兴趣。

师：森林王国的动物狂欢节就要开始了，想不想一起去参加呢？参加活动时要带着动物的纸偶才能进场，我们一起来看一看应该怎么做吧。

2. 基本过程

（1）观察与讨论

①引导幼儿分组观察制作纸偶所需材料，讨论纸偶的制作方法。

②启发幼儿思考需要制作动物的哪些身体部位，如何将各部位的特征表现出来。

③请个别幼儿分享小组讨论结果。

（2）动手制作

①指导幼儿对动物的身体部位勾勒、涂色、裁剪。

②告诉幼儿粘贴时注意粘牢固，小心别撕破纸袋。

3. 活动结束

①鼓励幼儿一起拿着制作好的纸偶，随着《动物狂欢节》音乐一起自由表演。

②在表演区时引导幼儿使用自制玩具进行情境表演。

（六）区域创设

美工区：设计未来的玩具。

设计未来的玩具可以让幼儿大胆发挥想象力，借助身边的工具进行简单的操作，尝试对材料进行简单的拼摆、剪、贴、粘、堆积、组合等。在活动中幼儿与同伴分工合作，体验设计制作的乐趣，积极交流，大胆

图4-42 看看我们做的机器人多神气

介绍自制玩具的功能与特点。教师将幼儿收集的丰富的材料以及废旧物品投放到美工区。幼儿结成了小组,想要创造自己心中未来的玩具。涵和他的小组成员从区域中收集了材料,通过激烈的讨论,投票决定制作未来机器人。由于班里空间不够,因此他提议将材料搬到楼道进行制作。在制作过程中,教师根据幼儿的需求,为幼儿提供思路以及相关图片、视频,结合自己对机器人的独到见解,引导幼儿进行制作。幼儿在欣赏与制作过程中提升了审美意识,体验了设计、制造机器人的乐趣,发展了想象力和动手能力。

(七)博物墙创设

在博物活动的环境创设中,第一部分内容为过去的玩具。通过家园合作,幼儿与家长一起收集他们儿时的玩具和玩过的游戏,将实物和游戏过程中的照片进行展陈。顶部空间有一串串连起来的纸飞机,寓意为过去与现在的接轨。第二部分内容为现在的玩具,分为男生喜欢的玩具和女生喜欢的玩具,体现了不同性别的不同喜好以及分类的意识。第三部分内容为未来的玩具,为幼儿提供了充分的想象与创造的空间。一些利用废旧材料创作的机器人体现了幼儿的想象力与创作能力;还有一些玩具以水墨画的形式展现,结合了园所特色。

图4-43 博物墙面创设图

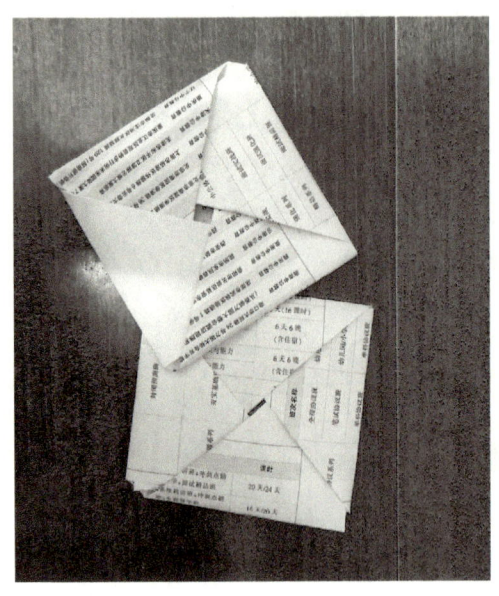
图4-44 爸爸妈妈小时候的玩具

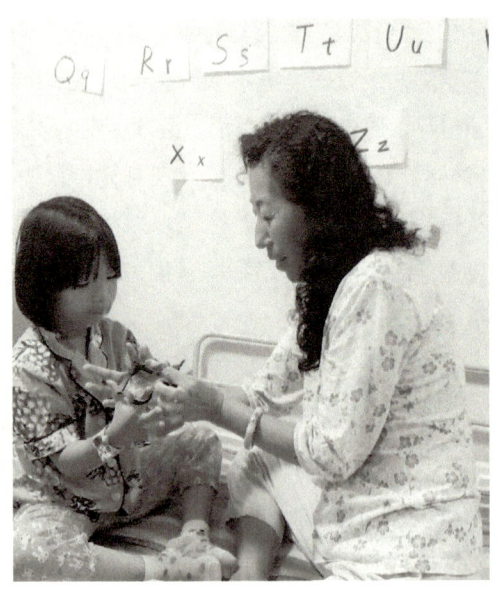
图4-45 我和奶奶一起玩翻绳游戏

（八）家园合作

幼儿与家长共同收集家长小时候的玩具，家长向幼儿介绍了这些玩具的名称、玩法。在这个过程中，幼儿感知到了过去的玩具与现在的玩具的不同，深刻了解了不同时期文化的多样化和差异性。同时，幼儿认识到玩具来之不易，祖辈时期流行的玩具虽然功能简单，种类不多，但却是他们童年珍贵的记忆，能够保存到现在，需要我们格外地爱惜、保护。幼儿懂得更加珍视自己身边的事物与自己成长的经历。

五、博物活动案例

好玩的翻绳

在收集有趣的玩具的过程中，琪从家里带来了一条绳子，并在过渡环节向同组幼儿展示了她所掌握的玩法。幼儿非常感兴趣，纷纷围过来想要学习。于是我在集体活动时请琪向大家介绍。她说："这是爸爸妈妈小时候喜欢玩儿的玩具，现在我也非常喜欢玩儿。"我和她一起介绍了几种翻法和名称。由于游戏本身有一些难度，有的幼儿略显迷茫，但大部分幼儿充满兴趣，跃跃欲试。凯说："一根小小的绳子竟然能变出这么多花样，爸爸妈妈小时候的玩具可真有意思！"

针对幼儿的兴趣点，首先，我向幼儿简单讲述翻绳的历史，激发幼儿参与游戏的兴趣，让幼儿了解到翻绳是一种传统的民间游戏，充满趣味性。其次，翻绳游戏的材料简单易得,我在过渡环节投放了绳子,并提供了翻绳的步骤图,以方便幼儿在过渡环节边看边操作。最后,我们在游戏过程中用文字或图片记录翻绳游戏,让幼儿感受翻绳游戏的趣味性。在玩儿的过程中,幼儿逐步探索,丰富了翻绳游戏的玩法,发展了思维能力和动手能力。

六、博物活动中的师幼精彩瞬间

早上一来园,润兴奋地问道:"老师,你捉过蛐蛐吗?"我说:"没有。""我姥爷捉过,他给我讲了他们捉蛐蛐的故事,还给我看了图片。小时候玩具少,他们就跑出去玩。捉蛐蛐可好玩了,我也想捉。""听起来特别有意思,你能跟小朋友讲讲吗?""好呀,我还想画下来呢!"于是活灵活现的捉蛐蛐场景出现了。他们在倾听祖辈的生活经验时,感受到了大自然的神奇,提高了探究兴趣和欲望,更加喜欢亲近大自然。

在折纸活动中,幼儿每人折了一架纸飞机。这些纸飞机铺满在地上,场面颇为壮观。涵大声说道:"我还在电视上看见过一排排的飞机,爸爸说那是我们国家阅兵时候展现的,可厉害了,咱们的飞机连起来肯定更厉害!"幼儿在活动中联想到了自己的生活经验,知道自己祖国的繁荣,为自己是中国人感到自豪。

图4-46　捉蛐蛐场景图

图4-47　我们来把纸飞机连起来

作者/郭春妍、袁伶

指导教师/唐社芳

第四节　世界博物馆日特色活动

在幼儿园博物教育课程实践中,除了以主题活动形式开展博物教育外,我们还充分利用世界博物馆日这个在博物教育领域具有重要意义的节日开展内容丰富、形式多样的特色活动。

一、世界博物馆日，感受博物大魅力

（一）世界博物馆日，你了解吗

每年5月18日为世界博物馆日。这一天世界各地的博物馆都会通过举办各种宣传、纪念活动来庆祝自己的节日，让更多的人了解博物馆，从而更好地发挥博物馆的社会功能。世界博物馆日是由国际博物馆协会发起并创立的。1977年5月18日为第一个世界博物馆日，每年世界博物馆日都会有一个全新的活动主题。

（二）世界博物馆日特色活动，大家连接在一起

以往很多人都不知道这样的一个节日，因为它更多地是以博物馆为主体发起的。在我园，世界博物馆日也是全园重大的节日，这与我园多年来积淀的园所文化息息相关。"水墨润养心灵，博物启迪智慧"是我园的文化理念。在文化育人目标的引领下，园内园外通过认真准备的全园系列活动，联系多方，共同开展特色日活动，让博物启迪每一个参与者的智慧。例如，2018年世界博物馆的主题是"超级连接的博物馆：新方法，新公众"。我园结合园所特点，将园级的博物馆日主题定为"超级连接的博物教育"；通过分层设计的思路，实现了亲子、师幼、社区、实体馆与专家之间的连接互动，真正让博物教育连接你我他；在调查、参观、探究、分享、展陈的过程中启迪幼儿的智慧，培养幼儿的博物意识、博雅情趣和博爱情怀。

二、有趣的特色日活动，每年大不同

（一）近年世界博物馆日的主题与园所主题

从2016年开始，我园在博物教育探索中聚焦世界博物馆日，开展了较为独立的大型特色日活动。在这几年的时间里，我园也逐步理解了世界博物馆日的主题内涵。2016年世界博物馆日的主题是"博物馆与文化景观"，2017年世界博物馆日的主题是"博物馆与有争议的历史：博物馆讲述难言之事"，2018年世界博物馆日的主题是"超级连接的博物馆：新方法，新公众"。可以看出，世界博物馆日的主题体现了一年中博物馆发展的热点话题，更体现了博物馆与人类社会发展的紧密联系。

我园在选择博物馆日主题时，一方面，体现出了与当年世界博物馆日主题的联系；另一方面，从自身的独特角度出发，思考园所博物馆日的特有需求。基于此，这几年我园博物馆日的主题如下：

2016年，"文明参观，你我同行"；

2017年，"博物，就在我身边"；

2018年,"博物教育,超级连接你和我";

2019年,"博物,让传统点亮未来"。

(二)园所主题的选择依据

1. 与当年世界博物馆日主题相联系

在实践中,我园越发意识到世界博物馆日主题的深意——既紧密联系当年博物馆的发展状况,又很好地体现出了人类社会的热点话题。在园所博物馆日主题的确定上,我园首先要了解、思考世界博物馆日主题的内涵与价值,并联系园所的博物教育。

2. 立足园所博物教育课程的发展现状与需求

幼儿园博物教育课程的特色日活动是基于园所博物教育的发展需求开展的。例如,2016年世界博物馆日主题为"博物馆与文化景观",我园积极践行"文化景观"的概念:首先,结合幼儿的一日生活话题;其次,从园所文化角度解读"文化景观"。在第一年开展园所博物馆日特色活动时,我园从"文明参观"这个看似很普通的角度出发,运用不同的组织形式和丰富的内容引导幼儿走进博物馆,文明参观各种展览,关注在参观博物馆时发生的不文明事件,从而培养幼儿的博物素养。

3. 师幼、家园、社会共同关注的话题与热点

世界博物馆日作为一个公众性的全球纪念日,其中一项重要的功能就是宣传、推广、传播科学健康的博物教育信息,鼓励更多的人关注博物馆,关注博物教育的价值。因此我园在选择博物馆日主题时也要从公众群体性角度出发,联系当年世界的、国家的、地区的博物馆日主题和被大家关注的聚焦点,如倡导社会文明参观的话题,博物教育作为幼儿园新领域的话题,召唤更多群体关注和加入博物教育共同体的话题,等等。

三、世界博物馆日园所大型活动案例

(一)2018年世界博物馆日大型活动方案

博物教育,超级连接你和我
——2018年世界博物馆日大型活动方案

1. 活动背景

5月18日是世界博物馆日,自我园开展科研课题"探索幼儿园博物教育的实践研究"以来,博物教育中的节日教育也成为我园一项持续性的重要内容。这几年来,我园结合每年的世界博物馆日主题开展全园节日活动。2018年我园结合经验和对博物教育更深的理解,围绕2018年世界博物馆日主题"超级连接的博物馆:新方法,新公众"开展活动,将博物馆日活动主题定为"博物教育,超级连接你和我"。

2. 活动目的

本次活动旨在促进多方参与幼儿园博物教育，形成围绕博物馆的多方连接网。

（1）面向幼儿

①熟悉世界博物馆日，增强参观博物馆的意愿，增强博物意识。

②乐于在班级、家庭、博物馆、社区等地方参与博物活动，感受博物就在我们身边。

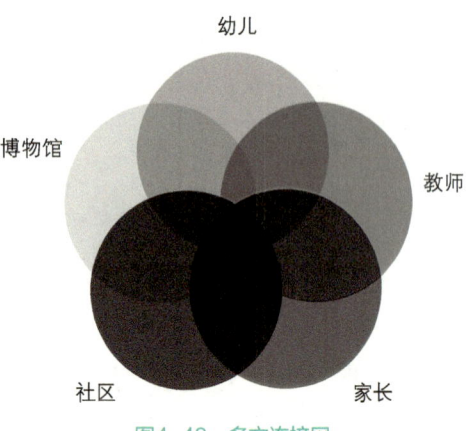

图4-48 多方连接网

③通过分享走入博物馆的故事增强表达能力，乐于探索和交流对自然、对世界的发现。

（2）面向教师和家长

①教师结合个人兴趣和需求有目的地参观博物馆，提升自己的博物意识和博雅情趣，加深对博物教育内容和形式的理解。

②家长在参与世界博物馆日的相关活动中，丰富对博物馆的了解以及对幼儿园开展博物教育的价值的认识，有意识地在亲子活动中增强博物意识。

（3）面向社区

①加强面向社区群众的世界博物馆日的宣传力度，让更多人了解世界博物馆日，关注博物教育的价值。

②让社区内更多的婴幼儿能够享受优质的早期教育。

（4）面向博物馆

①充分与博物馆专家交流，将幼儿园教育特征与博物馆教育特征相结合，促进幼儿园博物教育发展。

②通过观摩科学活动、幼儿互动等方式使博物馆教育工作者进一步了解幼儿的学习方式和幼儿园教育特点。

3. 活动地点

内容不同，活动地点也不同。

①与参观博物馆相关的博物活动基本在博物馆开展。

②与社区宣传相关的博物活动基本在周边几个社区开展。

③博物馆专家交流或讲座活动多在幼儿园开展。

④亲子博物活动结合具体内容多在家或博物馆开展。

4. 活动组织

幼儿园根据活动整体安排，确立了由科研主任担任组长，科研团队核心教师担任副组长，全园幼儿、教师、家长、博物馆专家等多方人员共同参与的活动组织。

5. 活动安排

表4-1　2018年世界博物馆日活动安排

活动时间	活动主题	活动内容	连接对象
5月10日至5月12日	分享我最喜欢的博物馆	1. 各班开展调查：我想如何分享。 2. 进行分享准备和制作。 3. 班内、外分享，如亲子、年龄组串讲分享，全园创设博物展板分享等。	幼儿、教师、家长、博物馆
5月13日至5月14日	博物宣教入社区	1. 自主制作幼儿园博物宣传页。 2. 携带宣传页分组到多个社区宣传。	教师、幼儿、社区
5月15日至5月16日	动物教育讲座及展览	1. 面向中大班幼儿开展动物科普讲座。 2. 科学区布置大型昆虫和爬行动物展览。 3. 小中大班分班参展。	幼儿、教师、博物馆专家
5月17日	博物馆专家宣教讲座	1. 全园家长自愿报名参加。 2. 教师积极参加。 3. 社区早教家庭自愿参加。	幼儿、教师、博物馆、社区
5月18日	丰富活动分享	1. 各班整理本阶段博物活动的照片。 2. 制作面向本班的、可分享的美篇或在其他平台宣传的材料。 3. 扩大网络宣传范围。	家长、幼儿园、社会
5月19日至5月31日	博物馆之旅	1. 结合博物教育内容选择博物馆，进行有目的的参观。 2. 鼓励家长与幼儿走进博物馆。 3. 记录并分享多方的博物馆之旅。 4. 根据参观时间邀请博物馆专家在场馆内进行专题讲解，与幼儿互动。	教师、幼儿、家长、博物馆

表4-2　世界博物馆日幼儿活动调查表

	"分享我最喜欢的博物馆"调查表
班名	金鱼班	年龄段	大班（5~6岁）
参与幼儿数	30人	调查日期	2018年5月14日
我们班有多少小朋友去过博物馆			
去过的人数	27人	去过人数所占百分比	90%
去过的博物馆有：		北京自然博物馆、北京汽车博物馆、中国科学技术馆
没去过的小朋友想去博物馆吗			
没去过的人数	3人	想和家人去的博物馆有	北京自然博物馆、自贡恐龙博物馆、中国科学技术馆
分享我最喜欢的博物馆啦！我最想用的方式有……			
择选方式	人数比例	择选理由	准备材料
小书	20%	方便讲述，既能看又能讲，有制作小书的经验	绘画笔、纸、订书器、打印机、照片
照片、视频	18%	方便记录，能看得更直观	手机、PPT、小相册、相机
讲述加表演	12%	更容易让别人理解	道具、表演服、头饰、背景
绘画、剪纸粘贴	40%	擅长绘画，有趣简单	绘画工具、纸、贴画、胶棒
PPT	10%	能够放大，让人看得更清晰	U盘、照片
我们可以分享给谁呢			
班内的小朋友、幼儿园的小朋友、家人、好朋友、教师、爸爸妈妈的朋友			
我们可以去哪儿分享呢			
别人家、班级、小区、其他班级、博物馆			
我们班的分享口号是什么呢			
金鱼游到博物馆，小朋友们来做伴			

表4-3 "博物馆之旅"之黄胄艺术馆教师参观培训表

参观人	付潇潇	参观时间	2018年2月10日
参观主题	黄胄作品展		

参观前经验准备

黄胄的中国画作品有哪些代表作？特点是什么？

答：他的代表作有《百驴图》《打马球》等。特点：作品富有非常浓郁的生活气息，善于运用速写的表现手法抓住人物的生动形态，线条流畅，风格奔放。最具风情的是那些边疆少女。西方绘画的色面与东方柔美流畅的线条相交融，使他的绘画充满了灵性和神秘的遐思。他主张画家一开始就用毛笔速写，才能与中国画的笔墨功夫结合起来。他创造的写意泼墨与工笔重彩相结合的独特画法对中国画的发展起到了历史的推动作用。

参观后任务

结合今天参观感悟，说一说以黄胄为代表的现代中国画作品与古代中国画作品的区别是什么？

答：黄胄先生在几千年中国绘画史上是一位标志性的人物。他的作品与中国古代绘画有血脉相连的传承关系。他使五四运动以后被破坏、搁置、中断的中国画传统又涌动出新鲜的血液，在新中国的绘画和古代中国的传统之间建立起了精神上的联系。他的作品又明显不同于古代中国画。他的全新的精神、意境和手法开辟了水墨人物画的新时代。

选择参观中自己感兴趣的一幅画作，根据今天所学知识进行分析

基本信息	名称	赶集	年代	1986
	作者	黄胄	题材	风土民情
表现内容	造型	灵活生动，有韵律感	色彩	色彩丰富，对比鲜明
	材料	宣纸	风格	饱含边疆人民浓郁的生活气息
	构图	纵向构图（S形构图）	画法	虚实结合，有具体的细节刻画，有一笔带过的勾勒，形成鲜明生动的对比和节奏

认真参观的我与欣赏的作品。

表4-4 "博物馆之旅"之北京自然博物馆教师参观培训表

参观人	赵建新	班级	樱桃班（大班）
在前期班级博物专题教学中，我对生命科学教育感到困惑			
我选择的博物馆	北京自然博物馆	参观时间	2018年5月23日

它的博物学分类是……（可用图表示，也可手绘）

```
                         ↗陆氏神兽、玲珑仙兽、宋氏仙兽
              ↗齿兽类：摩尔根兽、贼兽类 →滑翔祖翼兽、巨齿兽
中生代的哺乳动物  →后兽类：三角齿兽类、袋兽类
（生命科学）    ↘真兽类：多瘤齿兽类、蜀兽类
```

我的收获是……

哺乳动物是脊椎动物中演化程度较高的一类，也是与人类关系较密切的一类。它们有相对较高的适应能力，能根据外界环境不断进化，让自己适应当下的环境，从而继续生存下去。

有亮点的一张照片（说明亮点在哪儿）

场馆的设计非常简洁、清晰，光影和留白给我留下了深刻印象。这对我在班级博物环境中引导幼儿布展有所启发。

我的心得	通过专家详细的介绍，我对中时代哺乳动物有了深入的了解。在观看了博物馆里的八大珍宝、聆听了专家研究哺乳动物化石的故事后，我觉得自己受益匪浅，特别是对博物教育广且专的特征有了更深的感知。回园后我可以借鉴专家在解读中结合实例的内容和幽默的讲述风格，把学科本体性知识更好地运用于学前领域，开展好园内的博物教育。

（二）三年实践中丰富的活动风采

自2016年第一次探索世界博物馆日与幼儿园博物教育课程的联系以来，我园已经积累了一定的特色日实践经验。在这个过程中，我园不断反思、总结、调整、完善，使本园的世界博物馆日特色活动所承载的内涵也越加丰富。

1. 连接幼儿的活动

（1）班级自发的建馆活动

随着世界博物馆日活动的持续开展，幼儿对参观博物馆的兴趣越来越浓厚。有的班级根据幼儿的兴趣开展了以班为单位创设博物馆或办展览的特色日活动。

乐乐班博物馆

世界博物馆日要到了。这段时间幼儿围绕博物馆谈论的话题可多了，大家都很高兴，因为这是一个节日呀！怎么庆祝呢？经过讨论我们决定创造一个乐乐班博物馆，把我们最喜欢、最珍惜的玩具带来与他人分享，一起庆祝我们的乐乐班博物馆和世界上所有博物馆。

在爸爸妈妈和教师的协助下，幼儿带来了许多物品，放成了一堆。哎呀！这可不像个博物馆。四组幼儿对所有物品进行了分类并记录下来，大家有着不同的想法。经过商量，我们确定了最终的陈列方法。在我的帮助下，幼儿一起动手筹备场地、打扫、摆桌、布展、制作标签……这些都难不倒幼儿，因为幼儿去过很多博物馆，每次参观幼儿都会认真观察博物馆展览是什么样的。

建好乐乐班博物馆后，我们太开心了！接下来我们遇到了问题：什么时候开馆？什么时候闭馆？谁来负责管理和维护场馆？我们去哪儿找参观的人？于是我们又开始了新一轮的讨论和创作。门票、宣传海报、参观须知、职工牌在我们一次次的讨论中呈现了出来。当我们邀请园长、教师、爸爸妈妈、食堂阿姨、弟弟妹妹来参观时，他们专心的、快乐的、惊叹的样子真让我们感到骄傲——世界博物馆日，我们真的很快乐！

（作者/佟美萍）

（2）创作特色日宣传材料

世界博物馆日是一个极具博物宣教价值的节日。在每年的世界博物馆日活动中，辐射与推广博物教育是我园的一个重点内容。我园的宣传材料非常丰富，有实物宣传材料，也有多媒体宣传材料；有师幼自制的，也有购买的。

图4-49 班内也可以开办博物展览呀

世界博物馆日创意宣传

随着世界博物馆日创意宣传方式越来越灵活,我们开始构思属于我园的独特的宣传方式。

我们拿起毛笔,在扇子上绘画出具有中国风的宣传画;我们找到幼儿园的聪明哥哥宋老师(音乐创作方面有专业特长),请宋老师带着我们制作了我园文明参观博物宣传小片;我们把宣传小片送给了北京自然博物馆的专家。听说北京自然博物馆的大屏幕上会播放我们的宣传片。

(作者/秦雪)

精彩实录

视频4-5 幼儿主演的"文明参观"原创博物教育宣传片

(3)园内举办的博物展

在世界博物馆日前后,我园会根据当年的主题邀请相关机构为幼儿带来有趣又有益的博物展。幼儿不必专门走到博物馆,在园里也能感受、体验到博物教育的博大。

(4)面向幼儿的博物讲座或演出

除了园内、班内的建馆与博物展之外,我园在每年的世界博物馆日还会邀请博物馆的工作人员来园为幼儿开展妙趣横生的博物讲座。不同于面向成人的讲座,博物馆的工作人员会充分考虑幼儿的年龄特点和学习方式,通

图4-50 非物质文化遗产皮影剧团带来的丰富皮影戏深深吸引着幼儿

过增添操作性、互动性、情境性的内容，使讲座更适合幼儿学习。

2. 连接家长的活动

很多家长表示从未听说和关注过世界博物馆日，不清楚博物教育对幼儿发展有何价值，对如何在博物馆中充分利用资源引导孩子参观与学习感到十分困惑。可见，利用世界博物馆日开展连接家长的宣教活动具有很大的实践价值。

（1）面向家长的博物宣教活动

对于家长，幼儿园可以进行意识、理论、实践层面的博物宣教活动。我园会在世界博物馆日前后借助特色日的宣教氛围组织一次或多次结合家庭教育、日常生活的博物宣教活动。

宣教的形式多以讲座、展示为主。我园自制了宣传内容丰富的易拉宝和固定展栏，同时也邀请不同博物馆的工作人员为家长带来通俗易懂、贴近生活、内容丰富的讲座。

经过几年实践后，家长都能熟识世界博物馆日，期待我园每年在世界博物馆日的博物宣教活动。他们十分认同博物就在身边，以及博物意识对家庭教育的巨大价值。

（2）家长作为"博物专家"走进课堂

家园共育的一个有效途径就是充分发挥各行各业家长的职业优势。在世界博物馆日，我园也很欢迎家长换一个身份——作为某一职业领域的"博物专家"走入班中，给幼儿和教师带来他们的职业故事和趣闻。在这个过程中，家长资源的充分利用使幼儿更能理解博物并不遥远，"博物专家"也不是只限定在博物馆里。家长积累的丰富经验使得他们都成为专业领域中的"博物专家"。幼儿将来也一定可以成为"博物专家"。

（3）园内的亲子博物实践活动

世界博物馆日是全园的节日，我园在近几年的活动中也邀请家长走入幼儿园一起参与博物实践活动。

3. 连接教师的活动

（1）支持幼儿开展特色日的博物宣教活动

在每年世界博物馆日前后，从主题确定、活动方案研讨到多途径实践、反思梳理，教师既发挥了巨大的实践作用，又在实践中受益。在活动中，教师从教育实践经验出发，寻找开展适合本班的特色日活动的契机，提升了观察能力与专业反思能力；在与幼儿共同建构特色日宣教活动中，加深了对幼儿园博物教育课程的理解。

（2）参观博物馆、聆听博物讲座、参与传统文化实践等培训活动

世界博物馆日也是对教师进行宣教的契机。我园会在世界博物馆日前后组织丰富的教师培训活动。例如，组织教师参观博物馆，使教师在情境式参观中感知博物馆的

图4-51 世界博物馆日家长变身"博物专家"为幼儿带来外国民俗故事　　图4-52 亲子制作豆子画丰富豆子博物展

魅力；邀请博物馆专家在园内或馆内面向教师开展博物讲座，使教师提升人文素养；带领教师参与中国传统文化实践活动，使教师受到传统文化熏陶，能够更好地在教育实践中影响和引导幼儿传承传统文化。

4．连接博物馆的活动

（1）幼儿、家长、教师的博物馆之旅

随着博物教育实践的推进，我园更加认识到博物教育的一个重要主体就是博物馆。所以在每年的世界博物馆日，我园都会组织或鼓励师幼、亲子走入博物馆，接受

图4-53 教师参与中国传统文化实践活动

博物馆的专业教育与熏陶，了解博物教育开展的前沿方向，拓宽幼儿园博物教育的思路。在这个过程中，幼儿养成了积极主动地参观博物馆的习惯，在博物馆文化的浸润中感受博物的魅力；家长在参观过程中加强对幼儿园博物教育价值的理解，更主动地建构家庭博物教育；教师通过参观提升专业素养，将博物教育开展得更为丰富，更贴合幼儿发展。博物馆之旅已经成为我园在世界博物馆日的传统活动。

（2）借助博物馆进行宣教

在世界博物馆日宣教过程中，博物馆作为一方主体为我园提供了很大的资源帮助。其中包括物质资源，如宣传材料的支持；人力资源，如专家帮助我园提高宣教内容的科学性与严谨性。借助博物馆主体，我园沿着更加科学、规范、专业的道路前进。

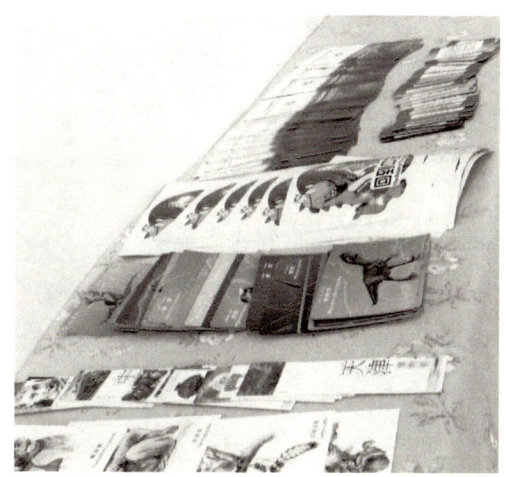 

图4-54　博物馆为我园提供的世界博物馆日宣教材料

（3）邀请博物馆专家入园进行宣教

在每年世界博物馆日前后，我园都会邀请不同领域的专家入园宣教。近年来，我园陆续邀请过北京自然博物馆专家、中国妇女儿童博物馆专家、中国地质博物馆专家、中国林业大学的昆虫学专家与教师等。

通过不同领域的专家为幼儿、家长、教师带来的不同角度的博物宣教，大家真切地感受到了博物的魅力与教育价值，使我园世界博物馆日活动更加丰富和科学。

5. 连接社会主体的活动

（1）走入社区进行宣教

社区是世界博物馆日特色活动中的一个重要主体，也是博物宣教的一个重要对象。在实践中，我园总结了面向社区进行宣教的丰富内容。这些内容既有针对幼儿

图4-55　中国妇女儿童博物馆专家为大家带来精彩讲座　　图4-56　昆虫学家为幼儿介绍节肢动物的特征

的，也有针对家长的。我园组织开展了有趣的博物游戏，如到社区花园中组织幼儿认识、了解不同的博物馆；面向家长和其他社区居民发放幼儿自制的博物宣传页、纪念品，鼓励大家关注世界博物馆日。

（2）邀请社区家庭入园进行宣教

幼儿园博物教育是开放的。在每年世界博物馆日的特色活动中，我园都会积极热情地邀请社区居民、家长入园一同参与活动，聆听博物专家的讲座，参观小博物馆，学习在家庭开展博物教育的适宜方式……社区是开展幼儿园博物教育的重要场所，我园将自己在博物教育中的收获与经验进行了交流、分享与推广。

图4-57　幼儿准备的社区宣教材料　　图4-58　教师走进社区进行宣教

图4-59 我园面向社区的博物宣传栏

图4-60 社区家长积极参与世界博物馆日专家讲座

第五节 建构主题式幼儿博物馆

一、主题式幼儿博物馆的概念

（一）什么是主题式幼儿博物馆

我园将主题式幼儿博物馆定义为"以主题活动为载体，以项目教学法为途径，为促进幼儿的发展，依据幼儿的兴趣和需要，采取以幼儿建构为主的方式，共同创设的供幼儿感知、欣赏和探究自然、科技、文化的场所"。

（二）为什么建构主题式幼儿博物馆

在幼儿园一日生活中，很多环节都与幼儿园博物教育密切相关。我园通过建构主题式幼儿博物馆，积累了具有教育价值和推广价值的主题式幼儿博物馆建构经验。建构主题式幼儿博物馆可以促进幼儿身心全面和谐的发展，提升教师的专业素养，推动园所的整体发展。

二、我园建构的主题式幼儿博物馆

我园以构建实体主题式幼儿博物馆为核心，充分利用园所公共环境，并以班级的博物教育活动为载体，丰富主题式幼儿博物馆的内涵，凸显主题式幼儿博物馆的个性。

（一）建馆模式

根据建构多期主题式幼儿博物馆的实践经验，我园总结出了主题式幼儿博物馆的建馆模式。建馆需主题先行，我园多期幼儿博物馆的建构都是根据幼儿的兴趣和需要确定主题的。

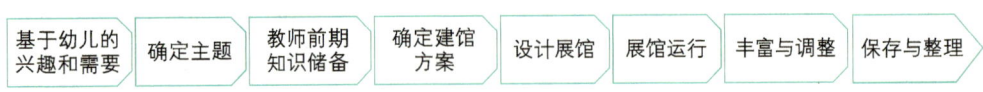

图4-61 主题式幼儿博物馆建馆模式图

（二）基本流程

我园根据教师的实践探索，经过不断调整，确定了按照项目教学法的基本阶段开展主题式幼儿博物馆教育活动的基本流程。主题式幼儿博物馆教育活动涵盖集体活动、区域活动、小组学习以及个性化指导。

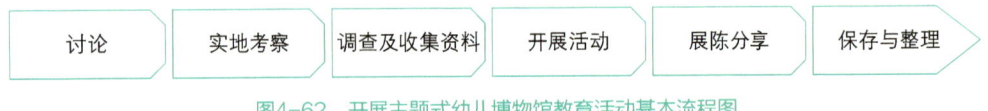

图4-62 开展主题式幼儿博物馆教育活动基本流程图

（三）建构海洋博物馆

海洋博物馆是我园建构的第一期幼儿博物馆。为配合幼儿博物馆的建构，发现幼儿的兴趣点，提高家长的参与热情，我园采取亲子参观博物馆的形式，并在参观前召开了幼儿博物馆启动会，向家长说明参观的目的，提醒家长留意幼儿的兴趣点，并为后期的幼儿博物馆创建征集了若干家长志愿者。

在参观中我们发现，幼儿对北京自然博物馆中的三个方面比较感兴趣：第一，活体展品；第二，可以互动的展览；第三，海洋生物展中一些卡通且拟人形式的展品。基于对幼儿的观察，我们把第一期的博物馆主题暂时定为"海洋生物"，并计划用互动、童话等形式布展。

1. 实体馆展示

我们集多方资源积极布展。首先，根据海洋生物的专业分类，我们对幼儿感兴趣的海洋生物进行了问卷调查，在保证分类科学合理的基础上展出幼儿最感兴趣的展

第四章 幼儿园博物教育课程实践 111

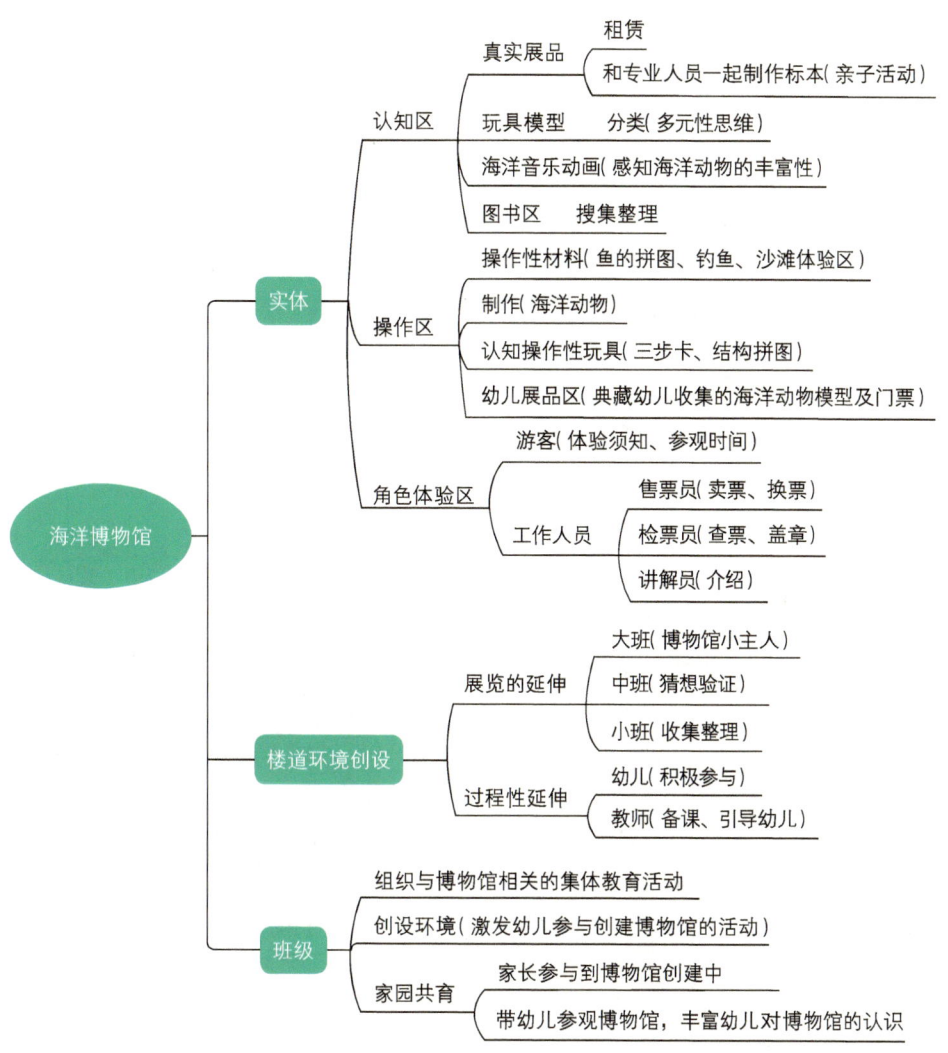

图4-63 海洋博物馆建构主题图

品。在调查问卷中我们发现，99%的幼儿选择了企鹅。为满足幼儿的兴趣，我们特此向北京自然博物馆借了企鹅标本（同时还借了海豹、海龟、斑海雀等珍贵标本），供幼儿观察学习。其次，我们向幼儿及家长征集可以在幼儿园展览的相关展品，很多幼儿从家里带来了各种贝壳，还有的幼儿带来了浸制标本。他们参观的时候常常会十分自信地向其他小伙伴或者来宾介绍自己带来的展品。最后，我们增加了海洋生物的毛绒玩具、螺类贝类、活体动物、各种海洋生物的绘本，等等。在布展过程中，我们发现幼儿难以区分海类动物与河类动物。在我们的活体饲养中，因为环境的因素，海洋鱼类较难存活。为了让幼儿参观学习，我们也饲养了部分淡水鱼。

图4-64 海豹、企鹅标本

图4-65 听听看,有声音吗

2. 主题教育活动

（1）做博物馆的小主人

根据幼儿发展的年龄特点，我们选择大班幼儿与我们一起参与幼儿博物馆的建设。在此过程中，我园开展了"我与博物馆共成长"一系列活动，如"我设计的博物馆门票""竞选小小讲解员""我最喜欢的标本海选""我去过的博物馆留影展"，等等。这样的活动激发了幼儿对于博物馆的兴趣，并让他们对博物馆的运行方式有了初步的认识。这为其以后参观社会上的各种博物馆奠定了基础。

图4-66 看！这是什么鱼

（2）幼儿博物馆中的领域活动

除了"我与博物馆共成长"的主题活动外，我们还在幼儿博物馆开展了多个领域活动，如"花样沙雕""鱼类水墨写生"等艺术活动，"海龟与陆龟""螃蟹如何生宝宝"等科学活动，"海葵与小丑鱼""小美人鱼"等语言活动，"我的自然名""海洋——生命的摇篮"等社会活动，"为什么标本不能摸""哪些鱼不能吃"等健康活动。这些领域活动与幼儿博物馆相互补充，丰富了博物馆的功能，也促使我们适当调整了幼儿博物馆的展品。

（3）记录博物馆的成长过程

在幼儿博物馆建设过程中，我们用文字、图片、视频的方式记录了我园幼儿博物馆的发展过程，留下了翔实的过程性材料，为进一步的研究与其他主题活动的开展积累了丰富的经验。我们也用博物馆墙饰与公共楼道墙饰记录了幼儿的猜想、探索、验证。例如，我们在大班的楼道展览了大班幼儿设计的本期幼儿博物馆的门票，在中班楼道展览了幼儿水墨创作——"想象中的海底世界"。记录不仅让我们的研究与探索更加科学，也让幼儿留下了充满童趣的足迹。

（四）建构恐龙博物馆

在第一期建构的基础上，我们综合考虑博物馆的场馆设置，集全体教师的智慧，决定采用平面设计、立面造型、整个建筑内部空间流线型布置的方式，即将建筑的核心大厅和中厅作为参观陈列的枢纽。我们主要围绕情境体验区、操作区、角色体验区三个区来对博物馆展厅进行合理化布置。

图4-67 我收集的海洋生物

1. 实体馆展示

恐龙博物馆建构主题框架分为实体场馆建构以及延伸的楼道建构与班级建构。基于幼儿的年龄特点以及发展目标，我们将实体恐龙博物馆分为情境体验区、操作区和角色体验区，每个区承载的教育功能及任务不同。幼儿可以在每个区域进行不同尝试，如可以在角色体验区充当小小引导员，组织引导游客参观；或是充当小小讲解员，为参观者讲解所陈列的展品。这可以让幼儿充分参与到博物馆建构中，把幼儿的主体地位落实到博物馆建构的各个环节。

2. 主题教育活动

我们采用了项目教学法建构恐龙博物馆。项目教学法的课程模式适合幼儿学习的情境性、体验性特点，也适合我园主题式博物馆活动。基于此，我们按照项目教学法的四个阶段开展恐龙博物馆主题教育活动。

（1）讨论

多数幼儿都有参观博物馆的经历。在建构恐龙博物馆之前，幼儿先讲述或画下与家长或幼儿园的小朋友一起去博物馆的经历。通过幼儿的表述，教师可以了解幼儿关于博物馆的现有知识和对博物馆的理解，以及他们对建构幼儿博物馆的兴趣和愿望。幼儿在此次建构中是主体，教师要在前期充分发挥幼儿的智慧。

（2）实地考察

幼儿和教师一起调查其他的幼儿博物馆或者亲身体验，获得更丰富的知识。参观前幼儿会制订周密的参观计划。教师结合《指南》《纲要》各领域的要求，从幼儿的兴趣和关注点出发引导幼儿，尽可能保持幼儿的原始状态。教师在整个实地考察过程

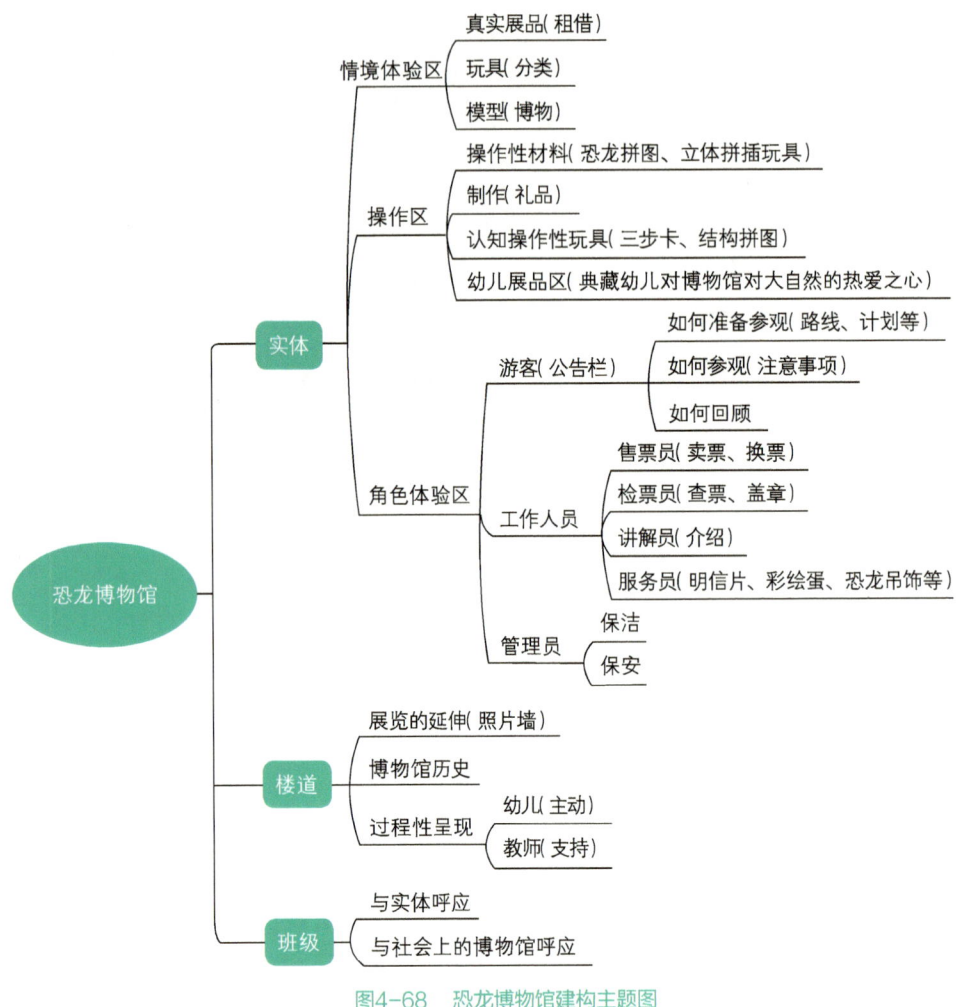

图4-68 恐龙博物馆建构主题图

中从参观内容、参观形式、场地设施、人员配备、行为习惯养成、安全意识等方面给予指导。实地考察并不是一个项目的终结,也可以是反复的。在后期建设博物馆的时候,如果有需要,我园会支持幼儿继续探索发现,找寻答案。

(3)调查

实地考察结束后,教师带领幼儿一起查找资料,或者幼儿主动采用各种方式查找资料,以丰富有关博物馆以及恐龙的知识点。教师还可以收集幼儿想展示在幼儿博物馆的材料。

图4-69　参观恐龙博物馆1

图4-70　参观恐龙博物馆2

（4）表述和展示

幼儿和教师一起回顾此次建构幼儿博物馆活动的过程和结果，邀请各个班级的小朋友和家长来参观体验自己建的博物馆，让他们充分感受幼儿博物馆的独特魅力。

（五）其他类幼儿博物馆

除建构多期实体幼儿博物馆之外，我们充分发挥楼道、班级的作用，生成了其他类的幼儿博物馆，如皮影幼儿博物馆、汽车幼儿博物馆、玩具幼儿博物馆。

图4-71　皮影主题墙面

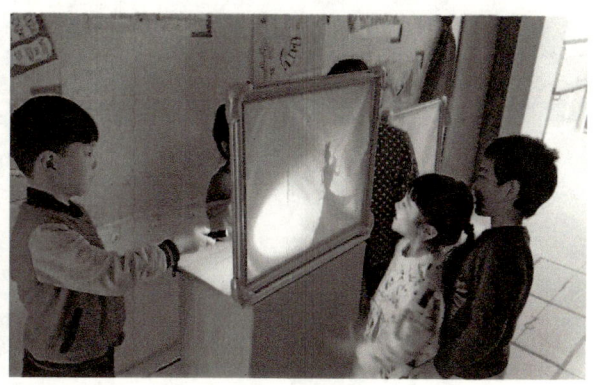
图4-72　我和手影做游戏

图4-73 我制作的皮影娃娃

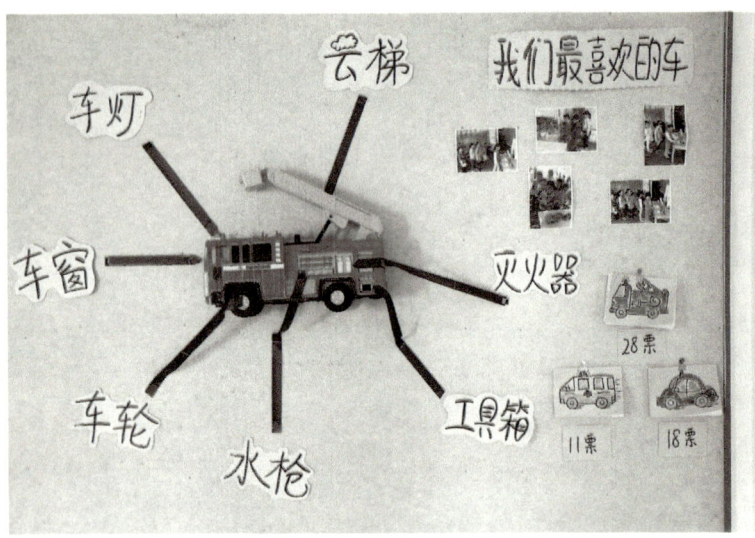

图4-74 汽车的结构

图4-75 有车的好处与坏处

第四章 幼儿园博物教育课程实践 117

图4-76 幼儿在制作玩具

图4-77 玩具设计——机器人制作

第五章 幼儿园博物教育课程评价

第一节 幼儿园博物教育课程评价的目标与内涵

博物教育课程是我园在连续多年的博物教育理论和实践探索基础上进行归纳、总结和提炼出的一套幼儿园博物教育指导用书。从本质上来说，这是一套园本课程方案，其开发和设计遵从园本课程的一般模式。与之相应的是，幼儿园博物教育课程评价在本质上也属于园本课程评价。

幼儿园博物教育课程评价作为幼儿园博物教育课程开发的重要环节，既是一种导向机制，又是一种质量监控系统。幼儿园博物教育课程评价不是静止的、终结性的，而是动态的、发展性的，贯穿于幼儿园博物教育课程开发与实施的全程，从而使幼儿园博物教育成为一个连续的、动态的过程。本节内容将从幼儿园博物课程评价的理论建构、要素分析、内涵解读和体系建构四个维度来分析幼儿园博物教育课程的适宜性、发展性和有效性。

一、幼儿园博物教育课程评价的理论建构

课程评价的产生和发展是伴随课程的产生和发展的，是衡量课程质量的重要标准。对于幼儿园博物教育课程开发者、实施者和判断者而言，幼儿园博物教育课程评价的设计和实施过程就是对幼儿园博物教育理论和实践进行价值判断的过程，就是评价该课程本身的内容及组织结构对于博物意识、博雅情趣、博爱情怀的教育目标的契合程度以及对幼儿发展的适宜程度。

作为园本课程，幼儿园博物教育课程更加关注的是过程而非结果，目的是培养幼儿的博物意识、博雅情趣、博爱情怀。该课程是在博物专家和课程专家的指导和引领下，在一线教师和幼儿在教学过程中共同创造的，是集合课程开发与课程实施为一体的。它不是完全由教师编写再由教师执行的、物化的、静止的、僵化的文本形态。那种传统的、固化的、静止的课程教学模式很容易把课程开发和课程实施（主要指教学）人为地分裂。因此，在设计与实施幼儿园博物教育课程评价的时候，课程开发者需要达成一个共识，即幼儿园博物教育课程不是外在于教学的，而是作为一种教学手段存

在的，本身就要求课程与教学的统一。幼儿园博物教育课程开发的过程也是教师组织幼儿园博物教育课程开展与实施的过程。

二、幼儿园博物教育课程评价的要素分析

幼儿园博物教育课程评价是课程建设工作的重要组成部分，目的是评析课程方案和课程实施的适宜性、有效性，更好地调整和改进工作，促进幼儿的整体发展，提高教育质量。众多研究课程评价的文献都涉及了有关课程的评价目的、评价内容、评价主体、评价方法及评价过程的论述。借鉴课程评价的理论和课程研究的范式，对照本园博物教育课程的发展需求，我园博物教育课程开发团队认真明晰了有关幼儿园博物教育课程评价的几个核心要素。

首先，幼儿园博物教育课程评价的目的。从本质上来说，幼儿园博物教育课程的设计和开发是为博物教学实践服务的，它的最终指向是幼儿的发展，即博物意识、博雅情趣、博爱情怀目标的实现。

其次，幼儿园博物课程评价的内容和对象。确切地说，幼儿园博物教育课程评价的内容应该包括幼儿园博物教育课程的整体方案和实施效果。整体方案包括博物教育内容的分类、具体教学内容的选择及其组织编排的方式。幼儿园博物教育课程评价的对象包括课程的计划、实施和结果等诸多要素。也就是说，课程评价对象的范围很广，既包括课程计划本身，也包括参与课程实施的教师、幼儿、幼儿园，还包括课程活动的结果。从词语构成角度而言，幼儿园博物教育课程兼具博物学、课程论和幼儿园教育教学实践的内容。所以，在教育内容分类中体现博物性是幼儿园博物教育课程的关键环节，也是幼儿园博物教育课程区别于其他课程类型的本质所在。

再次，幼儿园博物课程评价的价值主体。幼儿园博物教育课程评价的价值主体是指主导幼儿园博物教育课程评价活动、对幼儿园博物教育课程具有评价权的人或团体。在讨论课程评价主体的时候，人们往往会想到课程专家和园所课程领导，受到传统课程评价中自上而下的课程权威评价模式的刻板印象的影响。作为幼儿园博物教育课程的直接执行者和受益者，幼儿、一线教师和广大幼儿家长对该课程有着更为直接的评价需要和表达诉求。《纲要》中的教育评价部分指出管理人员、教师、幼儿及其家长均是幼儿园教育评价工作的参与者，评价过程是各方共同参与、相互支持与合作的过程。《纲要》明确了幼儿、教师和课程自身是课程评价的价值主体。在评价的过程中，要实现评价主体多元化，就要注重多方主体参与互动。

最后，幼儿园博物教育课程评价的方法。在课程评价研究领域，学者对课程评价模式做过很多研究。他们通过对不同课程评价模式的梳理和总结，结合幼儿园博物教

育课程实施的特点，发现幼儿园博物教育课程评价可以运用博物专家、课程专家、园所领导、一线教师、幼儿和家长等多元主体参与的、兼顾课程实施过程和结果的发展性评价方法。

三、幼儿园博物教育课程评价的内涵解读

（一）幼儿园博物教育课程评价的特点

幼儿园博物教育课程由于在开发主体、开发机制与内容旨趣等方面具有特殊性，因此在评价的价值取向、主体、时间、内容与对象、方法等方面也具有特殊性。这些特殊性有助于课程团队更好地理解幼儿园博物教育课程评价的内涵。

第一，发展性评价。发展是幼儿园博物教育课程评价最根本的价值取向，与课程理念中"为了幼儿"这一目的相吻合。评价的目的指向幼儿的发展。虽然在开展幼儿园博物教育课程评价的过程中，评价主体可能有诊断、监督、评比、选拔等多方面的意图，但是从根本上讲，这种评价是以发展为出发点和最终归宿的。

第二，参与性评价。参与性是指幼儿园博物教育课程评价是由专家学者、教育主管部门、幼儿园课程领导、教师、幼儿、家长和社区人士等多元主体共同完成的。园本课程的内涵之一是基于幼儿园，参与性是这一内涵的必然要求和实际反映。多元参与的氛围对于幼儿园博物教育课程评价而言，具有重要的价值和意义。

第三，持续性评价。持续性是发展性的延伸和必然要求，是指幼儿园博物教育课程评价作为幼儿园博物教育课程质量的重要保障，应该与课程发展并行，且贯穿始终。幼儿园博物教育课程评价是评价主体对幼儿园博物教育课程开发的各个步骤进行价值判断，从而做出理性决策的过程。这一评价不是幼儿园博物教育课程开发工作的终结，而是贯穿幼儿园博物教育课程发展始终的。幼儿园博物教育课程发展包括环境与需求分析、课程计划拟定、课程设计与组织、课程实施和课程评价。这些发展阶段组成了一个连续的、动态的、循环往复的过程。这一过程的每个环节都需要通过评价来不断完善、修订。具体来说，幼儿园博物教育课程评价应包括对幼儿园博物教育课程方案本身的评价和对幼儿园博物教育课程实施效果的评价两部分。对幼儿园博物教育课程方案本身的评价即对园所背景、课程目标、课程内容和课程实施的评价，对幼儿园博物教育课程实施效果的评价即对课程方案的实施对幼儿、教师和幼儿园的影响的评价。

第四，广泛性评价。与幼儿园博物教育课程评价在时间上的持续性相呼应的是幼儿园博物教育课程评价在内容上的广泛性。园本课程的开发与实施对于幼儿园而言是一项系统工程，幼儿园博物教育课程评价旨在对这一系统工程进行全面监督。因此，

幼儿园博物教育课程评价涵盖的内容颇为丰富。从纵向上看，幼儿园博物教育课程评价涉及对幼儿园博物教育课程开发过程各个阶段的评价；从横向上看，幼儿园博物教育课程评价涉及对课程设计本身的评价、对教师教学的评价以及对幼儿的学情及学习基础的评价等。幼儿园博物教育课程评价的广泛性力图全面把握幼儿园博物教育课程整体发展的脉搏，诊断该课程开展过程中遇到的问题，为实时调节与改进该课程提供充分的信息基础与决策建议。

第五，灵活性评价。灵活性评价主张将评价从抽象、隔离的空间拉回真实的教育场景，在幼儿一日活动中对幼儿园博物教育课程的实施、幼儿的表现及教师的发展等进行全面综合的评价。真实的教学场景会随着课程类型和参与主体的不同而千差万别，这必然要求评价方法灵活多样。基于园本课程评价内容的广泛性与评价对象的差异性，评价主体需要有针对性地采用不同的评价方法。例如，在进行过程评价时，评价主体可以采用描述性评价法、故事评价法、个案评价法等方法；在进行成果评价时，评价主体可以采用档案袋评价法、测验法、问卷法、观察与访谈法等方法。

（二）幼儿园博物教育课程评价的功能

无论是对于幼儿园博物教育课程自身的运作来说，还是对于幼儿的全面发展、教师的专业发展和园所的整体发展来说，幼儿园博物教育课程评价都发挥着独特的作用与价值。

第一，对幼儿园博物教育课程的质量进行实时监督是幼儿园博物教育课程评价的基本功能。第二，收集数据和信息，为幼儿园博物教育课程决策提供依据。第三，不断调节认知判断与行为表现，提供价值与行为的导向。第四，对参与主体的教育功能。由多元主体参与的幼儿园博物教育课程评价追求一种自我教育的理念，将评价作为媒介，使所有参与者透过评价获得对自己以及本职工作的重新认识。第五，优化园本课程结构。评价作为促进课程创新的重要机制，对于整体优化园本课程结构和持续提高园所教育质量有着重要的推动作用，这也是幼儿园博物教育课程评价的生产性功用。

幼儿园博物教育课程评价通过收集证据，促使教师思考如何保证最佳的课程安排、如何运用恰当的教学方法。旨在改进的发展性、多元主体的参与性、贯穿始终的持续性、全面覆盖的广泛性、方法多样的灵活性的特点保障了幼儿园博物教育课程的质量。对幼儿园博物教育课程评价的内涵的解读是对幼儿园博物教育课程进行要素分析这一基础上的提升，以确保准确、全面地建构幼儿园博物教育课程评价体系。

四、幼儿园博物教育课程评价的体系建构

（一）幼儿园博物教育课程评价的框架建构

现代课程评价理念认为，评价不应局限于对既定目标达成程度的描述，而应更多地强调为改进课程，即课程的不断开发提供有效的信息。评价应该对课程所涉及的各个方面和全过程进行描述和判断。

首先，幼儿园博物教育课程评价与幼儿园博物教育课程发展之间是并行不悖的良性循环关系。二者经由与幼儿园博物教育课程密切相关的主体共同参与、协商与沟通，实现二者的交互影响与反馈，从而在"实践—反省—修正"的历程中实现幼儿园博物教育课程的不断完善与发展。无论在理论还是在实践中，评价主体倾向于将园本课程发展的全过程大致分为规划、设计、实施和成果评价四个阶段。完整的课程发展周期应该是以评价开始，以评价结尾。所以，不仅是规划之前和实施之后需要进行评价，幼儿园博物教育课程发展的每个阶段都需要评价，并且需要通过多元的参与和规范的操作，以评价回馈的信息为依据，及时诊断问题并改进课程。因此，对应幼儿园博物教育课程发展的阶段划分，幼儿园博物教育课程评价也应包含规划评价、设计评价、实施评价和成果评价四个基本阶段。两者的关系如图5-1所示。

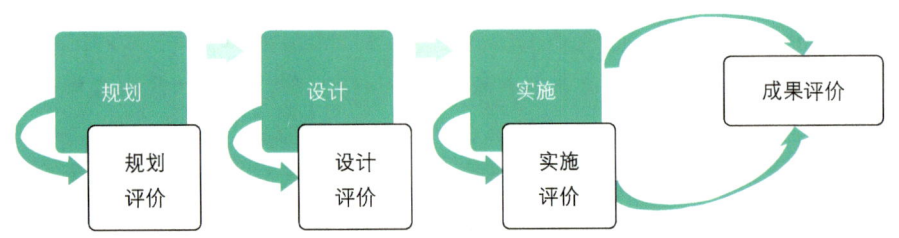

图5-1 幼儿园博物教育课程评价与幼儿园博物课程发展的关系

其次，幼儿园博物教育课程评价的主体是多元的。评价贯穿于幼儿园博物教育课程发展的始终，是对幼儿园博物教育课程规划、设计、实施与成果全过程的评价。由于在幼儿园博物教育课程发展的不同阶段，课程开发者所要解决的问题是不同的，因此幼儿园博物教育课程评价也相应承担着不同的评价任务，在评价主体、评价对象和评价内容选择上也有所差异。

基于以上原因，我们将各阶段评价的主要项目做了梳理：规划评价主要包含背景评价与幼儿园博物教育课程规划方案审议两部分；设计评价重在对课程开发团队提交的课程纲要（方案）进行审议；实施评价重在考察课程是否按照事先的设计有序地展开，主要对课程展开过程中的教师教学过程与幼儿学习过程进行评价；成果评价重在

对课程实施的实效进行评价，既包括对幼儿学习成效、教师专业发展的评价，也包括对课程本身的满意度评价。

最后，幼儿园博物教育课程评价倡导参与主体的多元性和方法的灵活性。多元主体的参与有利于评价主体充分理解评价对象以及达成评价共识，减小了评价的阻力。运用灵活的方法可以使评价过程中收集到的数据信息更全面，进而得出更真实合理的判断和结论。基于主体有序参与和方法灵活有效的原则，我们尝试列举了参与评价各项目的主体及相应的评价方法，如表5-1所示。

表5-1 幼儿园博物教育课程评价的整体框架

评价阶段	评价项目	评价主体	评价方法
规划评价	背景评价	学校课程领导、课程团队	文本分析、专题研讨
设计评价	可行性分析	课程团队	座谈、问卷
实施评价	幼儿学习过程评价	教师、家长	观察、实作评价
	教师教学过程评价	幼儿、教师、同行	非参与式观察、问卷、访谈、自查反思
成果评价	幼儿学习效果评价	教师、家长	观察记录表
	教师专业发展评价	教师、课程团队	自查反思、量表
	课程满意度评价	幼儿、教师、课程团队	问卷、访谈

（二）幼儿园博物教育课程评价的指标体系建构

划分评价的基本阶段和厘清各阶段评价的主体内容只是为幼儿园博物教育课程评价搭建了粗略的框架。评价若要在实践层面得以具体展开，还需完成一个极为重要的过渡性环节，即评价指标体系的构建。指标体系不仅包括各具体因素指标的集合，还包括各项指标的权重系数的集合以及各项指标的描述和测量。

1. 幼儿园博物教育课程评价指标体系建构的原则

科学合理的指标体系是幼儿园博物教育课程评价从理论走向实践的核心环节，也是幼儿园博物教育课程评价功能得以发挥的关键。在进行幼儿园博物教育课程评价指标体系建构时，评价主体应充分考虑幼儿园博物教育课程本身的特点，遵循以下基本原则。第一，科学性原则。科学性要求构建评价指标体系要体现"博物"这一关键词和课程活动设计的一般原则，遵循评价理论与统计学的要求。同一层次各指标有一定的联系但又相互独立，蕴含一定的内在逻辑关系，避免出现冲突和矛盾。第二，完备性原则。幼儿园博物教育课程评价指标体系应该完整地反映幼儿园博物教育课程在各阶段、各层次和各方面的教育价值。第三，实用性原则。实用性即可操作性。评价指标要符合目前幼儿园博物教育课程评价的实际情况，充分考虑园所的人力和物力条件。在保证充足的信息来源的同时，指标项目的设置不可过于烦琐，要在保证科学、有效、客观的前提下做到可测可评。第四，动态性原则。评价主体依照动态发展性原则，为幼儿园博物教育课程评价指标体系的调整、充实留下一定的可利用空间，广泛吸取其他园所的经验，不断修订评价指标，充实和完善现有的指标体系，做到与时俱进，保持评价指标体系的时效性。

2. 幼儿园博物教育课程评价指标体系的尝试性建构

基于上述原则，我们在结合国内外学者研究成果的基础上，尝试建构了如表5-2所示的幼儿园博物教育课程评价的指标体系。

表5-2　幼儿园博物教育课程评价的指标体系

评价阶段	评价项目/子项目		评价指标
规划评价	背景评价		符合课程政策和幼儿园规模。 在现有幼儿园设施设备资源的基础上提高教师专业性。 幼儿具备一定的能力，家长参与程度高。 充分利用社会资源与特色。
	幼儿园博物教育课程规划		遵循教育方针政策，满足幼儿终身发展的需求。 课程结构与门类合理，各年龄段课程有序衔接。 课程安排合理，责任落实到个人。 教学方式多样化，有反馈与改进机制。
设计评价	课程规划	组织运作	组建课程团队，通过培训提高成员的能力。 方案设计科学合理。
		目标与架构	与幼儿园博物教育课程总目标和总体规划一致。 目标兼顾幼儿的发展性和教师的专业成长。 体现博物教育课程核心经验。
		教学材料	内容组织适当且适用。 组织的顺序、衔接符合幼儿能力与需求。
		教学方法	适当运用多元的方法，协同教学设计。 考虑幼儿个别差异，注重引发幼儿的学习动机。 重视基本能力培养，营造合作学习的氛围。
		教学资源	充分、合理运用各种资源。
		评价	采用发展性评价，评价主体、评价方法多元。 评价内容全面。

续表

评价阶段	评价项目/子项目		评价指标
实施评价	课程实施	幼儿学习过程	学习动机与参与度高，交流与合作能力强。
		教师教学过程	准备充分，内容新颖，方式适切，策略灵活。 师生有效互动，课堂评价多元化。
成果评价	幼儿学习成效		学习效果良好，幼儿学习动机强，态度端正。 幼儿基本能力和思维品质得到锻炼。
	教师专业发展		有较强的课程意识与正确的教育理念，具备课程开发能力。 有一定的教学研究能力和课程组织与管理能力。 有协同合作的意识与能力。
	课程满意度		幼儿、教师及家长对博物教育课程的满意度高。

虽然我们尝试尽可能全面地罗列各评价项目的具体因素指标，但是鉴于不同幼儿园蕴含的个性化、差异性特征，该指标体系不可能精确地适用于每所幼儿园的博物教育课程评价实践。此外，对于同一个评价项目，即使采用相同的因素指标，各指标的侧重点也会因园所、年龄段或班级的差异而有所不同，在描述和层次的划分上也会呈现差异。这些操作层面的决策既要以科学性为指导，又要考虑自身的实际需求，做个性化的改造。评价指标体系应该不仅是指标因素的集合或罗列，而且应尊重统计学的客观要求赋予具体指标因素的权重等。但是鉴于研究能力所限，在考虑到这一赋权过程的技术性和复杂性以及幼儿园博物教育课程评价的个性化这一层面上，这里尚未做进一步分析。我们也希望能够通过对大量案例的分析和反思，来弥补这一方面的缺失。

3. 评价指标与评价工具的具体化、意义化与脉络化

值得一提的是，虽然实践中不乏关于幼儿园博物教育课程评价的优秀案例，但是幼儿园课程领导或教师在面对其他园所编拟的评价指标及评价工具时，不能照单全收，因为每个园所的背景不同，评价的思考向度也有所差异。因此，评价主体在进行幼儿园博物教育课程评价时应配合幼儿园的特质，将已有的课程评价指标予以修正成适合本园课程的评价指标，同时对评价工具做出调整。只有理解、修正、诠释每个指标的内涵，才能使其变成适宜且有效的工具。只有对评价指标和评价工具进行持续改进与不断更新，才能使幼儿园博物教育课程评价真正成为促进幼儿园博物教育课程发展与园所教育品质提升的不竭动力。

（三）幼儿园博物教育课程评价的基本步骤

从本质上讲，幼儿园博物教育课程评价最终是为了解决幼儿园博物教育课程发展中的实际问题。从问题解决的视角出发，评价的基本步骤是相同的，即评价一般都会经历问题界定、问题细分与指标化、工具研制、信息收集、信息处理及评价反馈等流程。幼儿园博物教育课程带有园所特色，其评价方式也必然体现出园所特色。在幼儿园博物课程发展的不同阶段，评价的具体操作也会因为评价的内容和对象的不同而有所差异。

综合各种信息，我们以问题解决为导向，尝试将幼儿园博物教育课程评价分为七个基本步骤。第一，评价旨在解决什么核心问题。课程团队需要界定一个评价所要指向的核心问题，进而明确任务。第二，既定的核心问题可以分为几个子问题，选择合适的分解维度，将核心目标细化分解。第三，明确所需评价的内容，寻找可以描述和反映子问题中具体指标的信息。第四，研制评价工具，运用适当的方法准确收集所需信息。第五，按照要求收集信息，实施评价。第六，处理信息，归纳分析信息并得出结论。第七，给出评价反馈，提供改进意见。

第二节　幼儿园博物教育课程评价的实践操作

在幼儿园博物教育课程建设部分，我园根据多年的理论和实践探索，努力构建出一个"三位一体"的幼儿园博物教育课程体系，即以幼儿博物馆、幼儿园博物教育课程和幼儿园博物教育之于教师素养的提升三个部分为主要内容，着重突出幼儿园博物教育课程主题对幼儿发展的现实意义和长远效益。幼儿博物馆促进了教师素养的提升；教师素养提升之后，又直接推动了幼儿园博物教育课程的探索和开展。三个部分层层递进，缺一不可。尤其是在幼儿园博物教育课程的社会效益部分，包括对家长、周边居民、社区的影响，也是幼儿园博物教育课程的重要内容。因而在幼儿园博物教育课程评价的实践操作部分，我们从幼儿、教师、园所、专家和社会五个价值主体的视角，兼顾课程建设各个环节，来开展幼儿园博物教育课程评价的实践工作。

图5-2 "三位一体"的幼儿园博物教育课程体系

幼儿园博物教育课程旨在通过实践化的教育活动培养幼儿的博物意识、博雅情趣、博爱情怀，为幼儿的终身发展奠定基础。在开展幼儿园博物教育课程评价之前，一个重要的工作就是将博物意识、博雅情趣、博爱情怀进行细化和分解，然后嵌入教育实践活动中可达成的显性指标中。

幼儿园博物教育课程实践活动的目标具体表现为使幼儿广泛认识事物，乐于收藏，深入探究和欣赏，喜爱、保护和尊重生活中的物。博物意识、博雅情趣、博爱情怀教育目标在不同年龄段根据幼儿身心发展水平的层次呈现出阶梯式的发展趋势。例如，小班阶段的目标为喜欢收集自己感兴趣的物品，了解事物多样性，愿意分享给他人；中班阶段的目标为能够主动收集，进行简单分类，体验收集的乐趣；大班阶段的目标为能够在多样化收集的基础上进行观察、分类和比较。

一、幼儿评价

幼儿园博物教育课程的开发和设计指向幼儿的发展，出发点和落脚点都必须是促进幼儿的发展和进步。在师幼关系研究领域，幼儿作为学习的主体而存在。因而，幼儿在幼儿园博物教育课程实践的过程评价和效果评价中占据着极为重要的位置。鉴于幼儿自身身心发展的特殊性，他们不能通过问卷或者量表的方式来评价幼儿园博物教育课程，因而以幼儿为主体的课程评价需要成人进行精心的设计和组织。本着对幼儿学习和发展负责的角度，幼儿园博物教育课程评价采用幼儿自主拍照记录、访谈和教师或家长观察记录的评价方法来获取幼儿对幼儿园博物教育课程的直接反馈。

以幼儿为主体的课程评价需要成人的参与和帮助。这里的成人可以是课程团队中的评价小组，也可以是一线教师。幼儿通过拍照设备，自主选择拍摄自己喜欢的照片，用照片的方式和内容呈现幼儿视角的博物教育。为了补充图片的背景材料，成人需要通过访谈的形式，引导幼儿用语言来表述或解释图片背后的过程。这种评价方式需要成人为幼儿提供基础的拍照设备，确定严谨完整的访谈提纲（具体内容见表5-3）。

表5-3　幼儿照片评价记录及访谈提纲

幼儿照片	
访谈提纲	幼儿回答
1. 你今天拍到了什么？	
2. 能把有趣的部分分享给我吗？	
3. 你看到的东西是怎么排列的？	
4. 你今天遇到了什么困难？你是怎么解决的？	

二、教师评价

教师作为幼儿园博物教育课程开发和实施的主体，其自身的博物教育素养和教学实践能力直接关系到幼儿园博物教育课程开展的有效性。教师如果没有真正理解什么是博物教育，就难以发自内心地认同并创造性地开展博物教育工作。如果教师的博物学知识、课程教学知识停留在传统课堂教学水平，那么幼儿园博物教育课程的建设和实施就与传统课程无异。通过幼儿园赋权增能的策略，教师可参与课程标准、课程内容、课程实施和课程结果的评价。教师参与课程评价，既有助于提高自身的专业水平，使幼儿得到全面发展，又有助于提高课程评价的质量，促进课程的改进与发展。

幼儿园博物教育课程与教师自身是共同发展的关系。幼儿园博物教育课程评价的意图是诊断课程发展中的问题，进而不断修正，提高课程质量。作为课程开发、实施与评价的核心，教师将在不断的建构与反思历程中获得专业发展。课程改进和教师素养提升换来的是幼儿的健康成长。园所的文化与特色也会在这一进程中不断形成与凸显，课程、幼儿、教师和园所也会实现多位一体的共同发展。教师通过自评可以准确把握幼儿园博物教育课程的核心要素，反思实践中的经验和不足。教师评价是有效开展幼儿园博物教育课程、保障幼儿园博物教育课程质量的重要手段。在幼儿园博物教育课程评价中，引入教师对课程的评价，以及针对教师培养和教育教学情况的自评或他评的评价方法是衡量幼儿园博物教育课程质量的重要内容，如表5-4所示。

表5-4 基于幼儿园博物教育课程的教师自查量表

评价目标	目标描述	落实情况
幼儿园博物教育课程培训	接受过系统的幼儿园博物教育课程内涵、方案、实施和评价的培训，对幼儿园博物教育课程及幼儿发展有明确的认知。	较好（ ） 一般（ ） 较差（ ）
课程理念与教学设计	正确掌握课程的基本理念和教学模式，符合幼儿园博物教育课程设计的目标和原则；教学设计严谨独特，结构合理，层次分明。	较好（ ） 一般（ ） 较差（ ）
教学目标制定与达成	确定合适的幼儿园博物教育课程的教学目标，符合幼儿实际；教学效果显著，确保每名幼儿都受益。	较好（ ） 一般（ ） 较差（ ）
教学内容设计	教学内容选择符合幼儿实际，并与教学目标一致；内容生动有趣，贴近幼儿生活，适合幼儿发展水平。	较好（ ） 一般（ ） 较差（ ）
教学方法和组织形式	教学方法和组织形式服务于教学内容，动静相宜，灵活多样，符合幼儿学习特点和兴趣。	较好（ ） 一般（ ） 较差（ ）
教学准备工作	备课及教学材料准备充分，组织形式恰当；环境设置有利于教师和幼儿之间的互动。	较好（ ） 一般（ ） 较差（ ）
教师综合素养（博物课程知识）	对课程准确把握，对幼儿园博物教育课程关键经验的选择和使用到位，思路清晰，点拨得当。	较好（ ） 一般（ ） 较差（ ）

续表

评价目标	目标描述	落实情况
幼儿反应	学习方式体现出幼儿园博物教育课程的核心经验；幼儿对教育内容有积极的情感和态度，参与程度较高。	较好（　） 一般（　） 较差（　）
教师反思	能客观地进行反思，分析具体透彻，理由充分，语言准确清晰；能从教学实施的反思中提出课程整体或局部的修缮建议，对课程进行重构或改进。	较好（　） 一般（　） 较差（　）
总评		

面对幼儿发展的博物教育实践观察记录表是站在教师的视角，对幼儿参与博物教育活动中的行为进行记录分析的一种方法，如表5-5所示。

表5-5　幼儿博物教育实践观察记录表

目标	发展层次	典型表现	记录
博物意识	广泛关注	对周围的事物和现象感兴趣，喜欢花草树木、日月星辰等大自然中美的事物。	
		喜欢接触并询问新的事物。	
		对自己感兴趣的问题会不断进行追问。	
	多维认识	初步了解本地区的文化习俗、常见生命科学种类和艺术文化的多样性。	
		知道事物的简单特性和多样性，并能进行简单的分类；初步了解文化历史的脉络，感知艺术文化的多样性。	
		了解一些事物的现象产生的条件或影响因素，以及不同文化之间的差异和历史文明进程的演变与发展。	
博雅情趣	乐于收藏	愿意收集自己感兴趣的事物。	
		喜欢收集，在收集中发现事物发展的脉络。	
		养成收集的习惯，体会收藏的快乐。	
	深入探究	在成人引导下能主动地进行观察、探究，发现事物的神奇现象。	
		对丰富的事物进行观察比较，找出异同；能动手解决遇到的问题，用多样的形式进行记录。	
		通过观察、比较与分析，对事物进行深入探究，发现并描述物体的特征或事物前后的变化。	

续表

目标	发展层次	典型表现	记录
博雅情趣	欣赏创造	喜欢欣赏美的事物，获得愉快的体验；愿意设计和改造事物。	
		能够对喜欢的事物进行加工、设计与创造，乐意将生活中的所见所闻与别人分享。	
		有自己判断美的标准，对事物有自己独到的见解，并能进行加工与创造。	
	善于分享	愿意在成人引导下分享自己的成果与作品。	
		用多种方式表现、交流和分享发现的过程、方法和感受。	
		能够通过展陈的方式分享自己的发现。	
博爱情怀	喜爱	喜欢观看与欣赏多种艺术形式的作品。	
		对生活充满热爱，在群体生活中积极、快乐。	
		热爱本地生活并有强烈的责任感与使命感。	
	保护	在成人提醒下爱护玩具和花草动物；在各类节日中能用口头语言或肢体语言感谢周围的人和自然。	
		理解并践行保护环境；了解多民族的文化，学习传承、保护传统文化。	
		了解本地文化，传承经典，建立初步的使命感、责任感。	
	尊重	学会倾听，在成人的提醒下做到不打扰别人；当身边的人生病或不开心时表示同情，有同理心。	
		爱惜生命，友好待人；了解多样化的职业及其特点；接纳和尊重不同生活方式或文化背景的人，愿意积极了解其差异并相互学习。	
		珍爱一切生命，平等对待自然万物；感知中国与世界其他国家和民族的文化，体会世界文化的丰富性、多样化的同时建立民族自豪感。	

关于幼儿博物实践观察记录表的几点说明如下。

第一，此表涵盖幼儿发展的五大领域，列出了幼儿在博物教育实践过程中可以被成人观察到的发展点，以及每个发展点出现的逻辑顺序，并在每个发展层次后以概括或举例的方式呈现了典型的表现，便于教师或家长在使用过程中参照或迁移。

第二，此表留有"记录"一栏，家长或教师可以复印此表，在每次游戏中供观察幼儿使用。长期使用可以总结出幼儿的发展规律和特点。

第三，在使用此表时，如果幼儿没有达到预期某一层次的能力，教师可以参照上一层次的典型表现给幼儿提供帮助，促进幼儿达到预期的要求。例如，教师在课程实践过程中培养幼儿收藏、观察、对比和分类的意识。

第四，在博物教育实践中，我们建议教师每月完成2篇幼儿观察记录，最后在学期末形成班级幼儿博物素养发展评价报告。

三、园所评价

作为园本课程，幼儿园博物教育课程是支撑我园持续发展的动力。幼儿园博物教育课程自诞生之初就代表着我园课程领导探索园本课程和改革教育教学的决心。幼儿园博物教育课程评价并非是迎合一时之需、追求短期片面发展的，它要求开发者建立系统思维和长远规划，保证资源的可持续利用，通过评价促进课程的不断改进与持续生成，由课程的不断创新持续提高园所的教育质量。

对于幼儿园发展而言，幼儿园博物教育课程是体现幼儿园教育质量的重要指标，幼儿园博物教育课程评价贯穿始终。无论是课程建设前期的各方论证、规划筹备，建设和实施过程中的发展性、诊断性评价，还是课程实施后的成效评价，都是评价幼儿园博物教育课程的重要方式。

表5-6 幼儿园课程开发团队自评量表

评价项目	评价要求	权重	分数	得分
课程开发的目的和意义	贯彻《纲要》和《指南》精神，符合园本课程开发的基本要求。	25%	8	
	对幼儿各方面素质提高的意义。		7	
	课程宗旨的体现。		5	
	对幼儿博物意识、博雅情趣、博爱情怀培养的意义。		5	
课程目标的确立	目标明确、清晰。	20%	13	
	考虑到年龄层次和个体差异的因素，贯彻因材施教的原则。		7	
教学内容	内容组织层次分明，教材框架清晰。	40%	10	
	内容科学，启发性强，突出能力培养。		15	
	内容中新科技、新观点、新教学思想含量高。		15	
课程评价	评价的可操作性强，方法科学，具有激励作用和制约作用。	15%	15	

四、专家评价

作为园本课程，幼儿园博物教育课程兼具多学科的属性：从内容上，幼儿园博物教育课程需要博物学专家和博物学科知识的支持；从课程组织结构和内容编排方法上，幼儿园博物教育课程需要课程专家的支持；从课程实践上，幼儿园博物教育课程需要资深的一线教师和广大幼儿园教育同行的支持。在课程设计和实施的过程中，各方专家的评价是这套课程得以完成的关键。专家评价可以分为幼儿园博物教育课程方案评议和博物教学活动现场观摩与指导两部分。

在幼儿园博物教育课程方案评议部分，我园博物教育课程的发展离不开北京市早期教育研究所苏婧所长、朝阳区教科所纪艳红老师、北京自然博物馆刘菁老师和高源老师的指导和帮助。自"十二五"课题以来，我园借助纪艳红老师的指导开展课题研究工作。纪老师具有丰富的研究经验与实践经验，是在理论与实践方面都具有很强的指导能力的专家，在全区指导十几项规划课题的开展。同时，我园根据课题需要邀请北京自然博物馆专门从事科普教育的刘菁老师，以及北京自然博物馆的高源老师进行课题指导。其中，高老师多年从事博物馆教育工作，积累了丰富的为中小学和幼儿园建立博物馆的经验。

在幼儿园博物教育活动实践过程中，专家们普遍认为该课题在经历了几年的探索和调整之后，逐步聚焦到课程的部分是值得肯定的，但课程的建构部分需要课程建设团队厘清几个关键性的要素，即根据目标来开展课题研究，构建出三位一体的博物教育体系，着重突出课题的现实意义。

在博物教育教学活动现场观摩与指导部分，专家们普遍强调幼儿园博物教育课程中博物的关键要素和凸显的重要性。所谓博物，就是"广博"和"物质"的结合。教师在设计、实施或评价一个博物教育活动的时候，一定要在基于实物多样性的基础上，培养幼儿观察、对比、分类的博物意识。在幼儿园博物课程建设部分，教师要推进课题进展速度，从幼儿的视角出发将"博"和"专"相结合，把博物馆教育的价值观念反复呈现。这样的教育体系可以发掘多种形式，建立真正意义上的幼儿博物馆；也可以依托博物馆，构建幼儿园博物教育课程体系，提高博物教育的社会影响力。

五、家长评价

家长和社区的评价是幼儿园博物教育课程评价的辅助内容。博物意识、博雅情趣、博爱情怀的课程目标在直接影响幼儿自身学习习惯、教师队伍专业成长和幼儿园整体教育教学质量之余，还将引领和带动更多的群体关注和参与博物教育。与此同时，社会层面的广泛参与和反馈评价也将对幼儿园博物教育课程的完善和推广起着至关重要的作用。

福怡苑幼儿园博物教育课程调查问卷

亲爱的朋友：

您好！世界博物馆日主题活动结束了，相信您在和我们一起接触博物教育的过程中一定有所收获和思考。结合我园博物教育课程和相关主题活动，请您如实填写以下信息，以便我园博物教育课程更好地实施，促进幼儿的发展。

一、幼儿基本信息（如果您是家长，请直接填写第二部分）

1. 幼儿班级是（　）？ A. 小班　　　　B. 中班　　　　C. 大班
2. 幼儿年龄是（　）？ A. 3~4岁　　　B. 4~5岁　　　C. 5~6岁
3. 幼儿性别是（　）？ A. 男　　　　　B. 女
4. 幼儿平日里最喜欢＿＿＿＿＿＿

二、博物教育观念与实践

5. 您有（带孩子）去参观博物馆的经历吗（　）？ A. 有　　B. 没有
6. 您曾经（带孩子）去过哪些博物馆进行参观学习（　）？（多选）
   A. 北京自然博物馆　B. 北京天文馆　　C. 中华航天博物馆
   D. 中国科学技术馆　E. 北京汽车博物馆　F. 中国人民革命军事博物馆
   G. 中国美术馆　　　H. 中国地质博物馆　I. 中国体育博物馆
   J. 北京古代建筑博物馆　　　　　　　K. 其他
7. 您对世界博物馆日和博物馆教育了解多少（　）？
   A. 听过，比较了解　　　　　　B. 听过，但不了解
   C. 没听过，有自己的看法　　　D. 没听过，不了解
8. 您认为博物教育对于幼儿发展的作用是什么（　）？
   A. 开阔视野　　　　　　　　　B. 提高观察、对比、分类的能力
   C. 了解事物发展的内在逻辑　　D. 提高参观博物馆的积极性
9. 在了解了博物教育理念之后，您是否有带孩子参观博物馆的计划（　）？
   A. 有，正在计划　　　　　　　B. 有，看个人情况而定
   C. 没有，多了解下再决定　　　D. 工作很忙，没时间

10. 您是否愿意在日常生活中和孩子一起收集、观察和分析某类事物（　　）？

A. 有，正在计划　　　　　　　　B. 有，看个人情况而定

C. 没有，多了解下再决定　　　　D. 工作很忙，没时间

三、博物教育课程建设的意见和建议

11. 您对我园博物教育活动的实施有哪些建议（　　）？

A. 组织参观博物馆活动　　B. 博物教育资源进幼儿园　　C. 其他

12. 在幼儿博物教育方面，您需要幼儿园提供哪方面的支持（　　）？

A. 教师指导　　　　B. 亲子活动　　C. 专家讲座　　D. 其他

13. 今年的博物教育活动中，最吸引您和孩子的内容分别是什么（　　）？

A. 专家讲座　　　　　　　　　　B. 皮影

C. 生态进校园"昆虫展"　　　　　D. 亲子参观博物馆倡议活动

14. 您认为幼儿园博物教育课程对您有什么启发？

结语：我们的一日生活中都有博物教育的契机，让我们共同关注幼儿园博物教育课程，培养孩子的博物意识、博雅情趣、博爱情怀，家园携手促进孩子健康成长。感谢您的支持与参与！

北京市朝阳区福怡苑幼儿园

附　录

附录1　2012—2018年博物教育大事

时间	事件
2012年12月	曹慧弟园长在美国观摩学习期间看到了美国幼儿园把博物馆作为幼儿的教育资源，受到启发。
2013年1月	园长组织班子成员、全园教师、家委会成员共同商议将博物馆纳入课程资源，开展多种形式的博物教育活动，得到了全园工作者及家长的一致认同。
2013年5月	经博物馆专家的指导，福怡苑幼儿园由师、幼、家长共同建成了幼儿博物馆。第一期主题是"海洋生物博物馆"。
2014年7月	申报并成功立项北京市朝阳区教育科学"十二五"规划课题《探索建构主题式幼儿博物馆的实践研究》。
2016年5月	福怡苑幼儿园第一届"世界博物馆日"特色活动，主题为"文明参观，你我同行"。
2016年6月	申报并成功立项北京市"十三五"教育科学规划课题《探索幼儿园博物教育的实践研究》。
2016年11月	申报并成功立项中国学前教育研究会"十三五"课题《探索幼儿园博物教育的实践研究》。
2017年4月	北京市朝阳区教育科学"十二五"规划课题《探索建构主题式幼儿博物馆的实践研究》顺利结题。
2017年5月	福怡苑幼儿园第二届"世界博物馆日"特色活动，主题为"博物，就在我身边"。
2018年5月	福怡苑幼儿园第三届"世界博物馆日"特色活动，主题为"博物教育，超级连接你和我"。

附录2　博物教育我参与

- 幼儿的话
- 教师的话
- 家长的话
- 专家的话

附录3 主题式幼儿博物馆相关图片

一、海洋博物馆

海洋博物馆为建构的第一期主题式幼儿博物馆,以展陈与互动的形式呈现,真实地还原了海洋场景。

图1　主馆——海洋动物标本2

图2　主馆——幼儿互动区

图3　主馆——幼儿沙池体验区

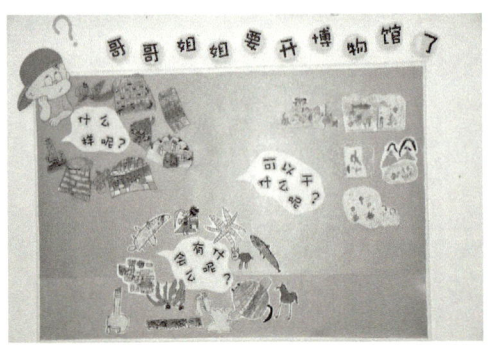

图4　楼道——了解幼儿博物馆

图5　楼道——畅游海底世界

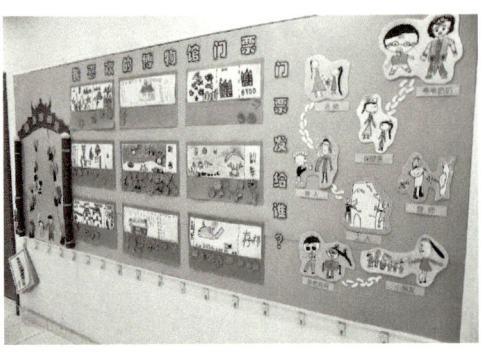

图6　楼道——幼儿博物馆的门票

附 录　139

图7　楼道——我收集的海洋生物　　　　　图8　楼道——畅游水墨海洋世界

图9　楼道——企鹅引发的猜想　　　　　图10　楼道——博物馆专家现场指导

图11　楼道——制作鱼标本

二、恐龙博物馆

恐龙博物馆为建构的第二期主题式幼儿博物馆，布局更加合理化。展厅主要围绕情境体验区、认知区、操作区、角色体验区四个区创设。

图12　文明参观

图13　主馆——恐龙情境表演

图14　主馆——参观幼儿博物馆

图15　楼道——恐龙分类

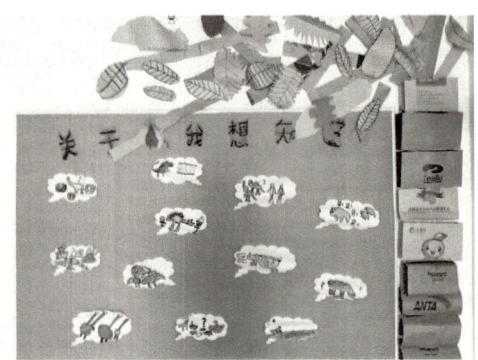

图16　楼道——幼儿想要了解

附 录　141

图17　楼道——恐龙格子

图18　楼道——恐龙大家庭

图19　楼道——恐龙蛋

图20　楼道——恐龙涂鸦

图21　楼道——幼儿猜想

图22　家长进课堂活动

三、老北京博物馆

老北京博物馆从幼儿身边的点滴小事入手，全方位地展示了北京的吃、住、行等多方面内容。

图23　幼儿眼中的北京

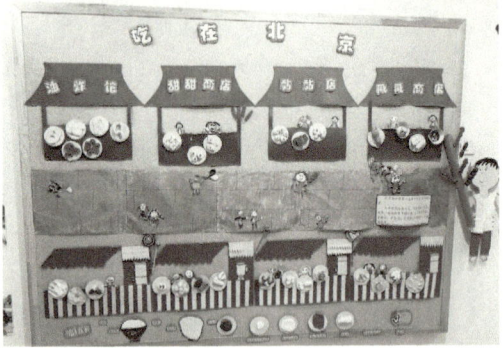

图24　北京的小吃

四、皮影博物馆

皮影博物馆用一次皮影戏引发幼儿的猜想。幼儿积极参与，乐于互动，在游戏中感受中国传统文化的魅力。

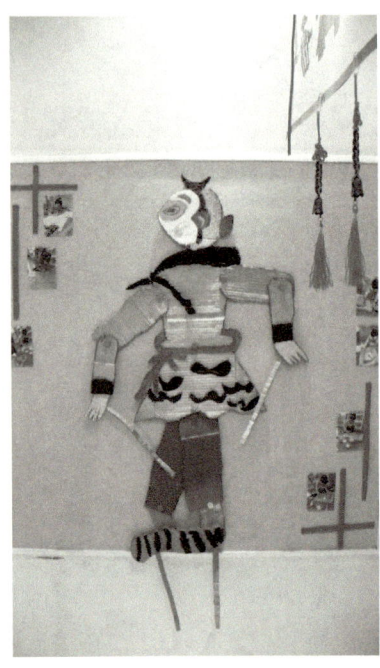

图26　幼儿制作的皮影舞台

图25　师幼共同制作的皮影

图27　幼儿从博物馆里了解皮影

五、图书博物馆

图书博物馆让幼儿在了解书、制作书到爱护书的过程中学会珍爱物品。

 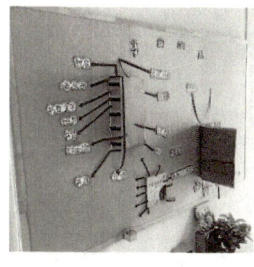 

图28　了解篆刻　　　　　图29　认识图书　　　　　图30　书的演变

六、玩具博物馆

玩具博物馆让幼儿了解不同年代的玩具，感受时代的变迁，体会分享的乐趣。

图31　过去的玩具　　　　图32　未来的玩具　　　　图33　现在的玩具

七、运动博物馆

运动博物馆让幼儿通过博物活动，体验多种运动，积极加入到各项运动中。

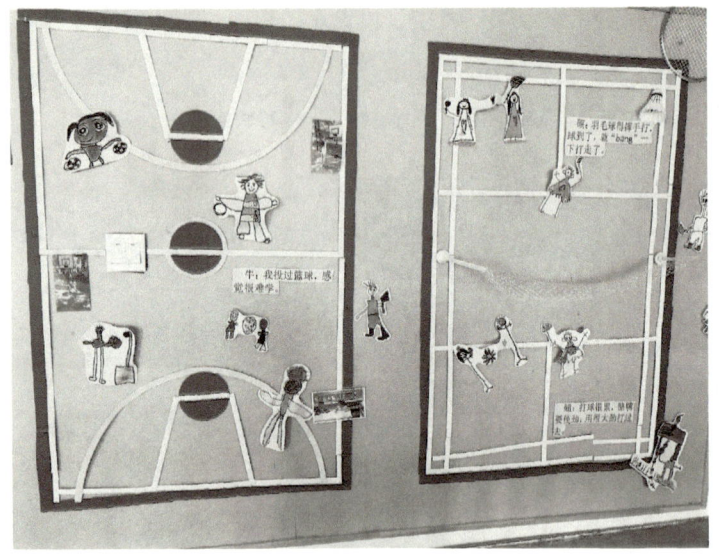

图34 运动场平面图

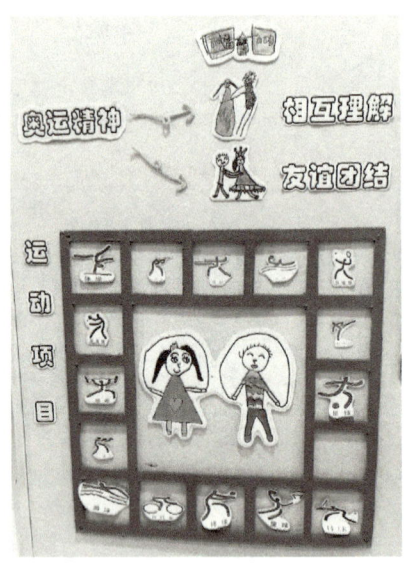

图35 了解多种运动项目

图36 亲子运动会队服

图37 运动会队名

附录4　我的博物馆足迹

我们生活在北京,这里有百余家风格各异的博物馆。为开阔视野,我们开启了自己的博物之旅,特此记录。

班级:　　　　　　姓名:

序号	博物馆名称	类别	时间

北京市朝阳区福怡苑幼儿园

博物教育大家谈
——5·18世界博物馆日调查问卷（家长版）

亲爱的家长朋友：

您好！每年的5月18日是"世界博物馆日"。这一天世界各地的博物馆都会举办活动来庆祝自己的节日，让更多的人了解博物馆，辐射博物馆的社会教育功能。我园自2013年筹建幼儿园博物馆以来，在探索幼儿园教育与博物馆的有效结合和幼儿园博物教育课程的实践中不断发展。

借此节日，我们想了解您对"幼儿博物馆"以及"文明参观"的感受、理解和看法。请您给予我们真实的想法，以便于我们更好地开展博物教育。谢谢您！

您的年龄：　　　　　您的性别：　　　　　您的职业：

您与孩子的关系：　　　　　您家孩子的主要教养者是：

1. 您以往关注过"世界博物馆日"吗？　　是（　）　　否（　）
2. 您知道北京多家博物馆在博物馆日会有优惠及庆祝活动吗？是（　）否（　）
3. 您带孩子去博物馆的频次大概是：

基本每个月会去（　）　　大概半年去一次（　）　　很少带孩子去（　）

4. 您喜欢带孩子去哪些博物馆？
5. 您指导孩子参观博物馆的方式主要有：（可多选）

自由参观（　）　　提前了解并预设参展主题（　）　　边参观边讨论和讲解（　）

还有哪些方式方法？请您与我们分享：

6. 关于文明参观博物馆，您觉得涉及哪些方面？（可多选）

不在展厅内进餐（　）　　轻声慢步（　）　　不随意碰触或攀爬展品（　）

此外您觉得文明参观还需杜绝哪些行为？

7. 您认为现在的博物馆适合孩子吗？（可多选）

如适合，体现在

如不合适，体现在

8. 请结合您的理解与期望，对理想的幼儿博物馆进行描述：

感谢您对我园博物馆建设的支持。让我们一起走入博物馆，与孩子共同成长吧！

博物教育大家谈
——5·18世界博物馆日调查问卷（群众版）

亲爱的朋友：

您好！每年的5月18日是世界博物馆日。这一天世界各地的博物馆都会举办各种活动来庆祝自己的节日，让更多的人了解博物馆，辐射博物馆的社会教育功能。我园自2013年筹建幼儿园博物馆以来，在探索幼儿园教育与博物馆的有效结合和幼儿园博物教育课程的实践中不断发展。

借此节日，我们想了解您对"幼儿博物馆"以及"文明参观"的感受、理解和看法。请您给予我们真实的想法，以便于我们更好开展博物教育。谢谢您！

您的年龄：　　　　　您的性别：　　　　　您的职业：

如有孩子，请填写您与孩子的关系：　　　　　您家孩子的主要教养者是：

1. 您以往关注过"世界博物馆日"吗？　　是（　）　　否（　）
2. 您知道北京多家博物馆在博物馆日会有优惠及庆祝活动吗？是（　）否（　）
3. 您带孩子去博物馆的频次大概是：

基本每个月都会去（　）　　大概半年去一次（　）　　很少带孩子去（　）

4. 您喜欢带孩子去哪些博物馆？
5. 您指导孩子参观博物馆的方式主要有：（可多选）

自由参观（　）　　提前了解并预设参展主题（　）　　边参观边讨论和讲解（　）

还有哪些方式方法？请您与我们分享：

6. 关于文明参观博物馆，您觉得涉及哪些方面？（可多选）

不在展厅内进餐（　）　　轻声慢步（　）　　不随意碰触或攀爬展品（　）

此外您觉得文明参观还需杜绝哪些行为？

7. 您认为现在的博物馆适合孩子吗？（可多选）

如适合，体现在

如不合适，体现在

8. 请结合您的理解与期望，对理想的幼儿博物馆进行描述：

感谢您对我园博物馆建设的支持。让我们一起走入博物馆，与孩子共同成长吧！

表1　博物教育亲子活动记录表（家长版）

班级：	幼儿姓名：	亲子关系：
活动时间		
活动地点		
活动主题		
博物活动前我们的准备	我们要去做的事情	我们需要准备什么材料
我们的收获 （请您简单记录孩子的语言：如新的发现是什么，有哪些不一样的体会，等等）		
备注：（作为家长，您可以记下想分享给大家的话）		

对于活动过程中孩子的主动探索和发现、亲子收藏的作品的照片，请您将选择2~3张电子版赋在本文后，然后把此表发给本班班主任。

表2　博物教育社会实践记录表（教师版）

班级：		幼儿参与人数：	
活动时间			
活动地点			
活动主题			
活动目标			
博物活动前我们的准备	我们要去做的事情		我们需要准备什么材料
	请插入活动准备（共同了解、前期探索）的照片1~2张		
本次社会实践过程中的闪光点和不足（简单记录幼儿在社会实践中情感态度或知识能力的提高点，以及教师在组织博物教育课程实践中的思考）			

表3 博物教育家长进课堂记录表

班级：	家长：	幼儿参与人数：
活动时间		
活动地点		
活动主题		
活动目的		
活动主要流程 （家长填写）	（列点写即可）	
童言童语 （教师填写）		
家长感言	写一写您在与孩子进行这次活动后的一些心得，如前期的准备、对博物教育的理解、孩子的反馈对您的启发，等等。	

表4 博物教育区域活动记录表

班级：	幼儿参与人数：
活动时间	
活动区域	
活动主题	
活动目标	
活动准备	
活动内容	（参考教案中活动内容部分的步骤流程，写清每一步的说明即可）
本次区域活动过程中的闪光点或问题（如区域环境和材料设置方面、幼儿表现与语言反馈等）	

表5　博物教育活动教案

日期：	班级：	执教教师：

活动名称	
活动目标	1. 2.
活动准备 （经验及物质）	经验准备：
	物质准备：
博物教育核心词	
活动过程	
活动思考	

表6　艺术馆参观准备与反馈表（教师）

参观人		参观时间	
参观主题	历代书画展（晋、唐、宋、元、明、清）		

参观前经验准备
1. 选定一个您感兴趣的年代，简单描述该年代书画的特点，有哪些大师。 答：
2. 从所选年代中选择一幅自己感兴趣的代表画作。 答：
3. 通过自学，对感兴趣的代表画作进行以下分析：

基本信息	名称		年代	
	作者		题材	
表现内容	造型		色彩	
	材料		风格	
	构图		画法	

参观后作业
选择参观中自己感兴趣的一幅画作，根据今天的感悟进行分析：

基本信息	名称		年代	
	作者		题材	
表现内容	造型		色彩	
	材料		风格	
	构图		画法	

表7　世界博物馆日"博物馆之旅"教师参观培训表（2018年）

我关注的幼儿园博物教育分类是……				
我择选的博物馆			参观时间	
它的博物学分类是……				
对的启发是……				
最亮的一张照片（插入电子版）：				
对我的启发				

附录5　博物馆基础书籍推荐

1.《中国博物馆学基础（修订本）》
王宏钧，上海古籍出版社（2017年）
2.《博物馆新视觉》
黄光男，文化艺术出版社（2011年）
3.《新博物馆学手册》
[美] G.Ellis Burcaw，重庆大学出版社. 张云、曹志建、关谕、王睿译（2011年）
4.《新形势下博物馆工作实践与思考》
国家文物局博物馆与社会文物司，文物出版社（2010年）
5.《博物馆：世界的情人》
王璐，中国宇航出版社（2005年）
6.《回顾与展望：中国博物馆发展百年》
中国博物馆学会，紫禁城出版社（2005年）
7.《自然科学博物馆科学教育活动》
钟琦，科学普及出版社（2008年）
8.《博物馆教育新视阈》
阎宏斌、杨丹丹，文物出版社（2009年）

附录6 我们走过的博物馆

表8 博物馆之旅

教师走过的博物馆（国内）		
中国电影博物馆	北京动物园	唐山园博园
中国广告博物馆	中国美术馆	青岛啤酒博物馆
中国古动物馆	中国妇女儿童博物馆	顺义焦庄户地道战遗址纪念馆
天津瓷房子博物馆	北京植物园	地坛
北京汽车博物馆	西安园博园	老牛探索馆
索尼探梦科技馆	传媒大学博物馆	平谷奇石博物馆
中国科技馆	黑龙江省博物馆	大连自然博物馆
中国人民革命军事博物馆	齐白石故居	大连贝壳博物馆
北京自来水博物馆	国家典籍博物馆	南京博物院
首都博物馆	中国园林博物馆	夫子庙科举博物馆
北京自然博物馆	北京人民艺术剧院戏剧博物馆	中国皮影博物馆
中国铁道博物馆	康提国家博物馆	炎黄艺术馆
延庆地质博物馆	蓬莱海洋极地世界	七彩蝶园
北京警察博物馆	中国人民抗日战争纪念馆	海南黄花梨博物馆
密云博物馆	台北"故宫博物院"	中华航天博物馆
科技博物馆	晋商博物馆	宋庆龄故居
苏州博物馆	威海市博物馆	中国地质博物馆
北京故宫博物院	中国传媒博物馆	中国插花艺术博物馆
重庆科技馆	鱼子山抗日纪念馆	中央美术馆
重庆自然博物馆	中国景泰蓝艺术博物馆	云岗石窟
纽扣博物馆	北京天文馆	西安博物馆
圆明园	蔡伦纸文化博物馆	北京警察博物馆
北京798艺术区	中国紫檀博物馆	通州区博物馆
教师走过的博物馆（国外）		
济州岛tede bear博物馆	埃及博物馆	土耳其以佛所
泰国大皇宫	柬埔寨吴哥窟	土耳其圣索菲亚大教堂
韩国泰迪熊博物馆	沙巴博物馆	土耳其蓝色清真寺
幼儿走过的博物馆（国内）		
北京故宫博物院	中国古动物馆	中国民航博物馆

续表

香港太空馆	北京航空航天博物馆	史家胡同博物馆
北京汽车博物馆	中国紫檀博物馆	山西省博物馆
中国铁道博物馆	中国消防博物馆	沈阳太清宫
七彩蝶园	北京古代建筑博物馆	北京奥运博物馆
北京自然博物馆	北京泰迪熊博物馆	北京画院美术馆
北京自来水博物馆	3D博物馆	中国美术馆
老爷车博物馆	火山科普馆	今日美术馆
香港科学馆	自贡恐龙博物馆	松美术馆
北京卡通艺术博物馆	台北"故宫博物院"	韩美林艺术馆
观复博物馆	圣蓝海洋公园	上海自然博物馆
河北博物院	索尼探梦科技馆	中国园林博物馆
秦始皇陵兵马俑	中国电影博物馆	北京海洋馆
海口博物馆	首都博物馆	中国人民革命军事博物馆
中国国家博物馆	上海昆虫博物馆	北京警察博物馆
红砖美术馆	中国景泰蓝艺术博物馆	恭王府
中国科学技术馆	北京民俗博物馆	中国地质博物馆
北京天文馆	北京百工博物馆	恐龙蛋化石博物馆
幼儿走过的博物馆（国外）		
墨尔本博物馆	日本京都铁道博物馆	日本东京国立新美术馆
加拿大鞋子博物馆	日本冲绳水族馆	

附录7　博物馆参观推荐

一、历史文化类博物馆的推荐

（一）中国国家博物馆（推荐人：韩静）

1. 推荐理由

①色彩：在建筑的房檐上黄色和红色石料镶嵌成的多面国旗簇拥着中华人民共和国国徽，浅黄色的外墙和用玻璃砖镶成的金黄翠绿的屋檐色彩鲜明。

②形式：有展柜展示，还有可以和幼儿一起互动的内容。

2. 建馆建议

①在色彩方面要吸引眼球，让幼儿有想要多停留一会儿的愿望。

②要有参观类的，也要有互动性的，给幼儿身临其境的感觉。

（二）北京孔庙和国子监博物馆（推荐人：陈妍）

1. 推荐理由

①结构：整体为古建筑风格，具有中国古建筑的特点。

②色彩：以红色为主，凸显中国古建筑的大气和宏伟。

③形式：以建筑展示的方式为主，文字介绍为辅，更为详细地介绍博物馆历史。

2. 建馆建议

①以实物展示为主，文字介绍为辅，两种形式相结合。

②通过播放视频介绍博物馆文化，潜移默化地影响幼儿。

（三）老北京动起来展馆（推荐人：陈妍）

1. 推荐理由

①结构：馆内为通透的大展室，展示更为清晰、直观。

②布局：利用室内四面墙体展示老北京风采，呈现了一个"动起来"的北京。

③形式：以多媒体全动图的方式介绍老北京，通过全动图更为直观地介绍老北京文化。

2. 建馆建议

①展馆主色调相近，与博物馆展品风格相符，突出展馆环境特色。

②馆内布置动静结合，要有让幼儿印象深刻的亮点。

（四）秦始皇陵博物馆（推荐人：陈妍）

1. 推荐理由

①结构：博物馆为古代陵墓建筑结构，有利于幼儿了解古代陵墓与现代公墓在建筑结构方面的区别。

②布局：馆内以分陵的布局结构展示，清晰、直观地展现了各个分陵的样貌。

③色彩：以土色、黑色等凝重色为主，凸显了古代陵墓的色彩特点。

2. 建馆建议

①多运用图文并茂的方式，以利于幼儿学习。

②可借助现代电子设备来介绍博物馆的历史文化，让幼儿置身在博物馆中感受博物馆的历史气息。

（五）北京财神博物馆（推荐人：付潇潇）

1. 推荐理由

①色彩：以中国红为主色调。

②形式：负一层为展品陈列厅，一层为游客品茶休息厅，二层为商品售卖厅，集文化、休闲、娱乐为一体。

2. 建馆建议

①可以加入一些中国传统文化的元素。

②可以提供宣讲师，为幼儿传授传统文化知识。

（六）青岛啤酒博物馆（推荐人：付潇潇）

1. 推荐理由

①形式：集文化历史、生产工艺流程、啤酒娱乐、购物、餐饮为一体。

②现代信息手段：馆内设有许多触摸式自动电子显示屏，还设置了醉酒小屋，可以让幼儿体验醉酒的感觉。

2. 建馆建议

①可以设置合影留念墙。

②可以设置一些小问题，检测幼儿掌握了多少。

③可以增加一些电子互动设备。

（七）北京故宫博物院（推荐人：姜蕾、李润辞、王淼、张耿）

1. 推荐理由

①结构：整个建筑恢弘大气，围绕中轴线对称建造；宫殿排列紧凑，富丽堂皇，展现出了宏伟的规模。

②现代信息手段：仿穿越的设备让幼儿有穿越到古代的感觉，一个可动的屏幕展现了皇上带着妃子在天空中飞的场景，借助科技手段给幼儿带来了更多感知觉上的体验。

③布局：有统一性，又有明显的关于地位的布局设计。

④色彩：以红色和黄色为主，金色运用得恰到好处；红墙绿瓦相映成趣，给幼儿以无限的美的享受。

⑤形式：以宫殿建筑格局为主，展现了皇宫的宏伟气势。

2. 建馆建议

①互动形式可以更丰富一些，让幼儿在互动中分享、感受历史文化的魅力。

②运用碰撞色增加视觉效果，注重色彩上的整体性，为幼儿创造一个色彩和谐的参观环境。

③充分利用上层空间，增强博物馆空间上的层次性。

④知识性设计应有递进性，让幼儿从参观中提高认知能力。

（八）习仲勋纪念馆（推荐人：李宏琳）

1. 推荐理由

①结构：层层递进的结构便于幼儿系统地对博物馆进行了解。

②布局：以时间为线索布局，使幼儿思路清晰。

③色彩：全馆以冷色调为主，黑、白、灰与实木有机结合，较为庄重。

④设备：电子屏设备滚动播放习仲勋一生事迹。

2. 建馆建议

①布局上可设置一条线索，如时间、主题、类别，使幼儿参观后能形成清晰的思路。

②色彩搭配应与主题相契合，如历史类的应更加庄重，艺术类的应更加体现艺术氛围。

③内容设置上要有深有浅，适合各年龄段的幼儿。

（九）西安碑林博物馆（推荐人：李宏琳）

1. 推荐理由

①色彩：以黑、灰色为主线色调，显得尤为庄重。

②形式：由碑林、石刻艺术和其他文物展览三部分组成，相得益彰。

2. 建馆建议

①博物馆的典藏应通过不断地收集，在原有基础上不断丰富，而不仅仅是展现一个时期或一个年代的物品。

②在展品较大的情况下，可借助以展品照片或电子设备的形式进行布展。

（十）宋庆龄故居（推荐人：李润辞）

1. 推荐理由

①结构：按屋子分段，瑰宝亭、主楼、卧室、长廊等，清晰地还原了宋庆龄故居的样貌。

②色彩：多为黑、白、灰暗色调，体现了时代建筑的色彩特点。

2. 建馆建议

①展品可以用多种形式呈现，如结合图片、视频，让幼儿有身临其境的感觉。

②多从视觉感官的角度考虑颜色搭配，吸引幼儿眼球，有视觉冲击性。

（十一）北京民俗博物馆（推荐人：李润辞）

1. 推荐理由

①结构：设有15个房间，不同风格的展品分类清晰，幼儿能够更直观地欣赏。

②布局：每一类风格的展品在一个房间，幼儿可以更清楚地发现这一类展品的特点。

2. 建馆建议

①可用多种形式展现，让幼儿进一步了解展品的历史文化。

②可以结合某种方式让幼儿互动起来，增加幼儿的兴趣。

（十二）北京晋商博物馆（推荐人：刘霞）

1. 推荐理由

①结构：内设10个基本陈列厅，规模大，馆藏丰富。

②形式：馆舍建筑全部为仿古建筑，给幼儿浓厚的历史感。

2. 建馆建议

①重视博物馆的精神内涵与文化支撑，充分展现历史文化的魅力。

②可以请幼儿共同参与收集展品，提高幼儿参与的积极性。

（十三）首都博物馆（推荐人：王淼、臧亚茹）

1. 推荐理由

①结构：有主线，按时间、区域合理清晰地划分；外形主要由矩形围合结构、椭圆形外立面和金属屋顶三部分组成，结构新颖，明确清晰，具有现代化气息。

②色彩：以红色为主的民俗厅热闹却不失稳重，有年代感。

③布局：整体大气，局部多样有序。

④设备：展馆安装了智能化的空调系统，保证展厅内舒适的活动空间，也便于展柜内文物的保护；同时还有自动灭火系统，充分保护文物及人身安全。

⑤现代信息技术手段：广泛使用多媒体展示手段，如多幕投影、幻影成像、数字电影，增强了展陈效果。

2. 建馆建议

①可以用清晰的线索引导幼儿进行参观。

②色彩运用要更符合主题，做到既丰富又鲜明。

③既要有参观类的也要有互动性的，让幼儿有身临其境的感觉。

（十四）北京警察博物馆（推荐人：王洋、张静）

1. 推荐理由

①结构：整体采用方形结构，给人以高大、庄重、威严的感觉；以时间为线索对展品进行分类，有利于幼儿了解展品的发展历程。

②色彩：在色彩的使用上面，威严的警察博物馆使用的是白色和灰色大理石纹，这样的色彩让人感觉严肃冰冷，贴近警察主题，具有警察主题的特点。

③形式：场景采用还原的方式和横向展示的方式。

④布局：博物馆的布局为四层。一层为雕塑类，二层为一些工作设备的展陈，三层为警服还有消防车，四层为各类武器。

2. 建馆建议

①通过多种物品陈列展示的形式让幼儿了解更多的展品，凸显广博性。

②通过文字或视频的形式以小案例、小故事的方式吸引幼儿的注意力。

（十五）周口店遗址博物馆（推荐人：武海洋）

1. 推荐理由
①结构：材料丰富、系统的早期人类遗址。
②设备：有一馆采用科技的手段，能够让幼儿感受猿人是如何采果狩猎的。
2. 建馆建议
①丰富博物馆中的材料，让幼儿了解更多的知识。
②运用科学技术，使场景更加逼真。

（十六）中国人民革命军事博物馆（推荐人：臧亚茹）

1. 推荐理由
①结构：建筑主要采用了矩形设计，整体显得庄重；内部主要按时间顺序分布，充分体现了军事方面的进步与发展。
②色彩：整体是庄严的红色和充满生命气息的绿色，具有军事特点。
2. 建馆建议
①设置讲解员，为幼儿讲解每一件展品背后的故事。
②丰富幼儿的视觉体验，让幼儿更强烈地感受博物馆的文化，产生共鸣。

二、建筑类博物馆的推荐

承德避暑山庄博物馆（推荐人：张静）

1. 推荐理由
①结构：具有中国古代建筑的特色，雄伟壮丽，与故宫建筑风格一致。幼儿置身其中犹如走进了古代皇室生活的宫殿。
②布局：设置在避暑山庄的宫殿区，以正宫、松鹤斋、万壑松风和东宫四座建筑为展厅。
③色彩：色彩运用上也非常有中国特色，采用中国画中的色彩，即朱红、金色、青色、松柏绿、钛白和木色进行绘画装饰，搭配协调雅致。
2. 建馆建议
①可以结合本园的水墨特色主题与中国传统，建构出带有中国风的幼儿博物馆，既能丰富幼儿的博物知识，培养幼儿的博物意识，又能激发幼儿的爱国热情。
②由于空间有限，同一个房间内可以利用展柜或者环境创设的方式隔出多个展区，分类展示物品。

③建议每隔一段时间换一个主题，每个主题布展形式不一样，带给幼儿新鲜感和趣味性，使幼儿愿意参与其中。

三、科学技术类博物馆的推荐

（一）中国古动物馆（推荐人：陈妍、李润辞）

1. 推荐理由

①结构：分层明确，便于参观；中间为巨大骨骼，分屋展示不同动物，形象生动，更为直观。

②布局：按照动物种类分屋展示，一目了然，更容易让幼儿对比不同动物的区别。

③现代信息手段：电视播放视频介绍动物，让幼儿更清晰地了解动物的进化过程。

④形式：海洋、陆地、天空相结合，更为全面地展现了各类动物的样貌。

2. 建馆建议

①以卡通动物形象呈现，更容易被幼儿接受。

②通过图片、文字、模型的形式介绍古动物，使幼儿印象更加深刻。

③通过看视频、互动交流的方式让幼儿分享自己学到的知识。

④要有层次感（如由易到难、由简到繁），使幼儿逐步学习和探究。

⑤充分利用已有空间，增添更多的实物，使展馆丰富多彩。

⑥有凹凸感，变化起伏，通过这种立体的布置带给幼儿更多的视觉体验。

（二）北京古观象台（推荐人：陈妍）

1. 推荐理由

①结构：馆内建筑多以古院、古城门为主，与现代建筑对比明显，凸显了古代建筑的特点。

②布局：一层以小型展示、图片展示为主，二层为大型展示，分类明确，便于参观。

③色彩：古观象台以蓝色调为主，贴近天空的颜色，让幼儿有置身其中的感觉。

2. 建馆建议

①通过图片及实物相结合的形式展示，使幼儿更直观地了解展品。

②避免大量使用现代设备。

（三）延庆地质博物馆（推荐人：韩静）

1. 推荐理由

①布局：主楼一层有延庆地形沙盘，二层有从延庆各个地方发现的青铜器等，三层有延庆的民间风俗展示，整体布局层次清晰明了。

②形式：形式多样，如有电子产品，有家长和幼儿一起活动的亲子项目，还有生动形象的地貌展示。

③现代信息手段：多媒体交互展示，更生动形象。

2. 建馆建议

①可以用灵活有趣的方式传播幼儿感兴趣的知识。

②知识性设计要有递进性，使幼儿从参观中能够获得良好的认知能力，调动幼儿的多种感官。

（四）北京科技馆——儿童科技乐园（推荐人：郭春妍）

1. 推荐理由

①布局：针对3~10岁儿童设计，并为不同年龄段的儿童设计了不同的教学目标，安排了不同的空间。

②形式：以教育学、儿童心理学为依据，将德育、智育、体育和美育有机结合在一起，同时根据儿童的智力、能力和兴趣选择内容，使儿童在活动过程中锻炼并提高探索事物、动手操作、发现和解决问题等多方面的能力。

2. 建馆建议

①借用科技馆内多彩的颜色吸引儿童。

②提高馆内设施的耐玩性。

③合理利用馆内空间。

（五）中国科学技术馆（推荐人：姜蕾、李晓莉、刘霞、唐社芳）

1. 推荐理由

①形式：互动性、操作性强，形式丰富；科学性、知识性、趣味性相结合，展览内容互动性强。

②色彩：色彩鲜艳，给幼儿带来明显的视觉冲击；与主题相匹配，风格统一。

③布局：按类型展示不同的物品，清晰明了，以声、光、电、磁、力几种形式分布，便于幼儿探索学习。

④设备：设备齐全，各种可动手操作探索的材料比较丰富。

⑤结构：建筑格局新颖，风格简约，整座建筑为一个鲁班锁构成的巨型魔方。

⑥现代信息手段：设备先进（触屏内容丰富，幼儿可以搜索问题的答案），提高了幼儿对科学知识探索的兴趣；整个体验馆按主题划分为五大展厅，并结合多种现代化科技手段，给幼儿以不同的视听享受。

2. 建馆建议

①充分利用周边资源，如社区、家长，让幼儿在互动、交流和分享的过程中不断探索发现。

②适当增加一些多媒体或者科技元素，如声、光、电等，让幼儿全方面地认识、了解科学知识；多投放一些立体互动教具，让幼儿在操作中获得发展。

③可以把博物馆的建设延伸到楼道，提供不同的设施材料，使全园不同班级各具特色，使幼儿得到不同的收获与发展。

（六）北京汽车博物馆（推荐人：郭丽媛、王淼）

1. 推荐理由

①结构：汽车种类丰富，摆放结构新颖，吸引力强。

②形式：既有整体展示，也有汽车零部件悬挂展示；既有古代汽车展示，也有现代汽车展示。馆里设有游戏区，幼儿可以边参观边游戏。

③布局：每一辆车都展示出了它的特点，规划有条理。

④设备：有多媒体，也有互动体验部分。

2. 建馆建议

①材料使用要大胆，方法要多样。

②空间设计要有整体性，墙式、吊饰要为展品服务，突出展品的特性。

③有探究性设计，激发幼儿的想象力；开设动手操作区域，让幼儿亲身体验动手操作的乐趣。

（七）上海野生动物园（推荐人：姜蕾）

1. 推荐理由

①形式：室内室外相结合，幼儿可自主参观。

②布局：园内有自驾区、喂食区、笼车体验区等。

2. 建馆建议

①提供进行游戏的机会，让幼儿通过多种感官，体验参观的快乐。

②通过设置观看表演的环节，激发幼儿的参观兴趣。

（八）老爷车博物馆（推荐人：李宏琳）

1. 推荐理由

①布局：按时代类型分类，体现时代感。

②形式：设置仿真汽车体验专区，可供幼儿真实体验。

2. 建馆建议

①设置体验专区，增强趣味性和感官性。

②设置电子知识讲解设备，使幼儿详细了解展品详情。

③展陈与立体空间有机结合，使幼儿有身临其境的感觉。

（九）北京天文馆（推荐人：李宏琳、武海洋）

1. 推荐理由

①结构：整体结构分为A、B两馆，两大区域分类明确，便于幼儿清晰分区。

②内容：围绕一定的主题，实物、图片、文字、音像资料相结合。

③设备：运用大量先进的现代信息手段与幼儿形成互动，幼儿可操作的科技含量高的设备将文字知识与现代技术融合。

④布局：展品层次高低错落，给幼儿带来了不同的视觉感受。

2. 建馆建议

①通过丰富的互动式游戏来传播知识，提高幼儿兴趣，使幼儿在观察中了解相关知识。

②处处有环境，墙面、地面、天花板形成一体。

③设置小小讲解员，讲解员在了解知识的同时将知识分享给身边的朋友。

（十）北京自然博物馆（推荐人：佟美萍、武海洋、张耿）

1. 推荐理由

①布局：主楼一层有植物世界厅、恐龙公园厅、非洲厅，二层有古哺乳动物厅、古爬行动物厅等，布局清晰明了，方便观赏。

②形式：形式多样，如实验乐翻天利用简单的实验器材和设备，引导幼儿在实验过程中认识、观察，科普小课堂运用科普讲座、双向互动等手段传播知识。

③色彩：以自然的绿色、褐色为主，收藏展示了丰富的文物、化石、标本，给幼儿真实的自然体验。

2. 建馆建议

①博物馆主题、材料等要源于幼儿生活。

②环境以自由、宽松为主，体现大自然的美丽。

③从幼儿的兴趣出发，增加一些幼儿喜欢的设施，增强与幼儿的互动性，让幼儿在增加知识的同时真正地动起来。

④发展幼儿的语言能力，增设幼儿导游，使幼儿更加自信，敢于在其他人面前表现自己。

⑤开展科普小课堂，让幼儿了解更多有趣的知识。

（十一）北京动物园（推荐人：王淼、周星辰）

1. 推荐理由

①布局：食肉动物与食草动物分开圈养，设有单独馆；一站式参观让幼儿可以像逛公园一样进行参观。

②形式：呈现了动物标本、真实的野生动物、不同动物生态环境，再现了不同动物的不同生存环境，使幼儿可以通过比较发现不同动物的生存特点。

③设备：滚动播放屏、广播将文字知识与现代技术相结合，更好地为幼儿介绍各种动物。

2. 建馆建议

①运用丰富合理的材料传递知识，分类明确有条理，思路清晰。

②设置展示牌，提供信息，使幼儿更加深入地了解展品。

③多投放些与幼儿进行互动的游戏设施。

（十二）北京植物园（推荐人：王洋）

1. 推荐理由

①结构：按种类分布植物，分类清晰，便于幼儿对比观察。

②布局：沿途有不同的植物供幼儿观赏。

③形式：采用植物生长环境还原的形式，更为清楚地展示了植物的生长变化。

2. 建馆建议

①借助现代化手段与幼儿互动，增加趣味性。

②通过场景布置，让幼儿有身临其境的感觉。

（十三）云冈石窟（推荐人：王洋）

1. 推荐理由

①结构：建筑分散在景区中，幼儿可以边走边欣赏石窟风景。

②形式：以陈列的形式进行展览，清晰简洁。

2. 建馆建议

①通过图片或模型更生动地展示展品。

②利用现代多媒体技术展示博物馆的历史文化。

（十四）索尼探梦科技馆（推荐人：张天红）

1. 推荐理由

①形式：大部分展品都可以与幼儿互动。

②现代信息技术手段：采用各种新颖器材和科学技术展示科学的魅力，让幼儿感受科学的奇妙之处。

2. 建馆建议

①刚开始不求"博"，先求"精与专"，要有重点地设立展品。

②展品和活动都要以激发幼儿兴趣为主，设计一些可供幼儿操作的区域，让幼儿有与材料互动的体验。

（十五）七彩蝶园（推荐人：周星辰）

1. 推荐理由

①结构：分为观赏区、科普世界、文化区、放飞广场等，分类清晰。

②色彩：多彩缤纷，融于大自然。

2. 建馆建议

①创设逼真的环境，还原现实的景象。

②可以多投放些供幼儿动手操作的材料。

四、艺术类博物馆的推荐

（一）中国传媒博物馆（推荐人：姜蕾、李润辞）

1. 推荐理由

①结构：一间一间的设计，让幼儿看得很清晰、明白、直观。

②色彩：根据主题统一色调，很和谐。

2. 建馆建议

①运用讲解器进行介绍。

②让幼儿现场播音，体验播音的快乐。

（二）中国紫檀博物馆（推荐人：姜蕾、周星辰）

1. 推荐理由
①结构：分层展示各种紫檀物品，清晰明了，便于幼儿直观地观看；馆里的物品对称摆放，让幼儿感受到了对称美。
②色彩：古色古香的陈列展品体现了仿古建筑的美。
③布局：中间是一个大展台，围绕展台摆设物品，层次分明。

2. 建馆建议
①色调主次分明，给幼儿带来更明显的视觉感受。
②可以利用图片或视频展示各类展品，让幼儿从中了解关于展品的相关背景、文化等。

（三）西安曲江艺术博物馆（推荐人：李宏琳）

1. 推荐理由
①结构：以展陈类参观为主，类别清晰。
②布局主要为玉器和金箔展品，给幼儿以视觉享受。

2. 建馆建议
①设计清晰的参观线路，幼儿全程自主参观，自主把握时间，着重选择自己的兴趣点。
②设置可近距离参观展品的环境，使幼儿更为直观地进行参观。
③增加手工制作区域，增强博物馆的互动性。

（四）中央美术学院美术馆（推荐人：李润辞）

1. 推荐理由
①结构：三层展厅，分图像、人物、色彩三类，结构清晰明了。
②色彩：有复古的、彩色的，还有一些材制色彩拼绘出的，在色彩上体现出了艺术品的魅力。

2. 建馆建议
①展示的形式要有多样化、多元化，从不同方面体现艺术魅力。
②展示品要层次分明，主次凸显，便于观察欣赏。

（五）中央美术馆（推荐人：李润辞、刘霞）

1. 推荐理由

①结构：馆内有三层楼，每层的展现形式不同，分类清晰；平面、立体相结合，更有空间的延伸感与层次感。

②设备：利用投影、电视等现代科技为幼儿呈现了古代艺术及现代艺术作品。

③现代信息手段：用显示屏、投影、灯光等多种现代化手段共同营造博物馆氛围。

④形式：以动态静态相结合的形式展示了众多中国近现代艺术作品，让幼儿接受艺术的熏陶。

2. 建馆建议

①大胆使用颜色布局，体现出新颖的艺术形式。

②每月可以推出主题活动或绘画展，给幼儿参与博物馆活动的机会。

③可以请幼儿按照主题设计活动海报，选出小讲解员，丰富活动流程。

（六）中国电影博物馆（推荐人：周星辰）

1. 推荐理由

①结构：地上五层，地下两层，分层清晰明确。

②布局：分基本陈列、精品陈列、临时展览，便于参观。

③色彩：集古典美与现代美于一体。

2. 建馆建议

①可以多些幼儿能够操作的互动设施。

②多些幼儿可辨识的标志，图文并茂，方便理解内容。

（七）中国广告博物馆（推荐人：张耿、张静）

1. 推荐理由

①结构：位于传媒大学一座独栋展示楼内，分为上下两层。一层为传媒大学的学生动手制作的毕业设计作品，二层为定期更换的广告商的展品。整体风格有浓厚的现代化气息，幼儿置身博物馆就像穿梭于历年的电视广告中。

②布局：一层分四行五列散点状的小展示台，每个展示台有学生的广告设计作品；二层以玻璃展示柜的方式围绕房间四周展示。

③色彩：利用比较现代化的色彩，如白色、灰色，还运用中国红来对博物馆进行整体打造。

④现代信息手段：以图片、视频、音频等不同形式向幼儿展现广告。

⑤形式：将碎片化的创意永久地凝固下来，让幼儿能够直观地了解到不同历史时期的社会生活图景。

2. 建馆建议

①注重保留幼儿在博物馆活动中的过程性资料。

②将较为抽象的现象采用具体化的方式呈现出来。

③在条件允许的情况下，可以将博物馆的空间扩大，分为两个展厅，便于幼儿入馆参观和互动。

④建议根据幼儿选择的主题去使用颜色，色彩的使用与主题相符合。

⑤在传统的博物馆展陈的同时采用一些类似于角色区扮演的互动形式，让幼儿在参展时能够得到充分的体验，激发幼儿参与博物馆建构的兴趣。

（八）中国传媒大学博物馆（推荐人：张静）

1. 推荐理由

①结构：建在教学楼的地下，从教学楼的滚梯下去，这一层都是传媒大学博物馆。

②布局：这里的布局就像一棵大树一样，一条主干线引领着幼儿从门口逐步走到各个分展厅。

③形式：在展陈的形式上分为两种，一种是传统博物馆陈列展品的展陈方式，另一种是体验式真实场景。

2. 建馆建议

①可以创设一个比较现代化的幼儿博物馆，在结构上可以多利用墙面和房顶的空间，打破一成不变、严肃古板的建构方式。

②在色彩使用上应更贴近幼儿，使用明亮的色彩。

③利用多种展陈形式，充分利用墙面、地面和天花板的空间进行镶嵌、吊挂等展陈方式。

（九）何扬·吴茜现代艺术绘画馆（推荐人：张静）

1. 推荐理由

①结构：整体是以一个老式工厂房，废旧的工厂被买下来作为一个个人绘画作品的博物馆使用。

②布局：分为南北两个馆，北馆为吴茜女士一生的水墨作品，南馆为何扬先生一生的油画作品。

③色彩：以灰色、白色为主，建筑本身的色彩很单一，但优秀的绘画作品为博物馆增添了丰富色彩。

2. 建馆建议

①幼儿园的小博物馆建构可以更加童趣一些，要符合幼儿年龄特点。

②可以按照班内活动区的方式将展品分类展览。

③根据幼儿的年龄特点，色彩上面建议使用较为鲜艳的色彩，如黄色、绿色、蓝色、橙色。

参考文献

[1] 刘华杰. 博物致知 [M]. 湖北：湖北科学技术出版社，2016.

[2] 段勇. 当代美国博物馆 [M]. 北京：科学出版社，2003.

[3] [美] G.Ellis Burcaw. 新博物馆学手册 [M]. 张云，曹志建，关谕，等，译. 重庆：重庆大学出版社，2011.

[4] [美] 杜威. 道德教育原理 [M]. 王承绪，等，译. 杭州：浙江教育出版社. 2003.

[5] 陶行知全集（第二卷）[M]. 成都：四川教育出版社，1991.

[6] 施良方. 课程理论：课程的基础、原理与问题 [M]. 北京：教育科学出版社，1996.

[7] 宋宜，霍力岩. 儿童主题博物馆——不一样的探究和艺术特征 [M]. 北京：北京师范大学出版社，2016.

[8] 卢乐山. 中国学前教育百科全书 [M]. 沈阳：沈阳出版社，1995.

[9] 王宏钧. 中国博物馆学基础 [M]. 上海：上海古籍出版社，2009.

[10] [美] 霍华德·加德纳. 智力的重构——21世纪的多元智力 [M]. 霍力岩，房阳洋，李敏谊，等，译. 北京：中国轻工业出版社，2004.

[11] 王道俊，王汉澜. 教育学 [M]. 北京：人民教育出版社，1989.

[12] 郭俊英. 博物馆以教育为圆心的文化乐园 [M]. 广东：暨南大学出版社，2011.

[13] 钟启泉. 现代课程论 [M]. 上海：上海教育出版社，2006.

[14] 佐藤学. 课程与教师 [M]. 钟启泉，译. 北京：教育科学出版社. 2003.

[15] 陈琦，刘儒德. 当代教育心理学 [M]. 北京：北京师范大学出版社，2007.

[16] 朱智贤. 儿童心理学 [M]. 北京：人民教育出版社，2009

[17] 蔡冠宇. 初探幼儿园教育对博物馆资源的利用 [J]. 学前教育，2017（3）.

[18] 刘玉珍，田丽. 博物馆儿童教育的形式与设想 [J]. 中国文物报，2012-03-21.

[19] 陆艳. 我园的"幼儿博物馆". 早期教育（教师版）[J]，2012（11）.

[20] 虞永平. 儿童博物馆与幼儿园课程. 幼儿教育 [J]，2010（10）.

[21] 周婧景. 博物馆儿童教育与儿童博物馆的发展. 学前教育研究 [J]，2015（1）.

[22] 李胜男. 人本主义心理学与博物馆教育功能探析. 博物馆研究 [J]，2010（3）.

[23] 赵新亮，周娟. 校本课程评价的内涵与实施策略. 教学与管理［J］，2011（10）.

[24] 田莉莉. 儿童博物馆教育实践模式考察——以韩国国立民俗博物馆儿童博物馆为例［J］. 北京民俗论丛，2016（4）.

[25] 薛法根，于毓青. 以儿童智慧为核心的校本课程体系的开发、实施和评价［J］. 江苏教育研究，2014（08A）.

[26] 于翠玲. 从"博物"观念到"博物"学科［J］. 华中科技大学学报社会科学版，2006（3）.

[27] 李润洲. 教育实践研究初探［J］. 现代大学教育，2011（2）.

[28] 柯林. 博物馆发展文化创意产业的理论与实践［D］. 泉州：华侨大学. 2013.

[29] G. Kimble. Children learning about biodiversity at an environment centre, a museum and at live animal shows. Studies in Educational Evalluation, 2014.

[30] Dooley, Caitlin, Welch, et al. Nature of Interactions Among Young Children and Adult Caregivers in a Children's Museum. Early Childhood Education Journal, 2014.

[31] Rodgers·Rachel. Children's Museum pumpkin activities embrace individuality. Herald&Review, 2014.

后　记

　　本书经过一年多的思考和梳理，中间几经全体编委会成员的激烈讨论与不断研究，终于完成。正是上级领导对幼儿园博物教育课程建设工作的重视，资深的专家指导以及编者们的不断努力，才形成了此书。大家付出了万分的努力。衷心地感谢和我一起并肩作战的老师们！

　　《博物·博雅·博爱——幼儿园博物教育课程的理论与实践》一书可以为幼儿教师开展博物教育提供理论和实践的指导。实践是永无止境的，我们的幼儿园博物教育课程还在继续深化和拓展的路上。也许在短时间内，我们无法立竿见影地看到博物教育究竟给幼儿的发展带来了哪些变化，但我们始终坚信幼儿园博物教育是启迪幼儿智慧的重要途径，博物的种子对幼儿的长远发展必将有着深远影响。

　　我们希望本书能为广大幼儿教师提供借鉴和参考。在本书完成之际，我们特别感谢为本书提出宝贵意见的专家以及为本书提供案例的幼儿园教师，正因为有他们的专业指导和实践经验，本书才贴近幼儿园教育的实践，才使广大读者更深入了解幼儿园博物教育课程。

　　本书由于编写仓促，不足之处在所难免，望广大读者批评指正。

曹慧弟
2019年